Hartmut Rupp
Kurt Konstandin



# Was ist der Mensch?

Oberstufe Religion

Herausgegeben von Eckhart Marggraf und Eberhard Röhm

Materialheft 6

Calwer Verlag Stuttgart

# Inhaltsübersicht: Materialheft »Was ist der Mensch?«

## A Entdeckungen im Alltag 3–11



## B Eine Reise in die Philosophie 12–27



## C Menschen vor Gott 28–51



## D Der Mensch in den Humanwissenschaften 52–67



## E Wie entscheiden wir uns? 68–80



Hinweis

Nicht in allen Fällen war es möglich, den uns bekannten Rechteinhaber ausfindig zu machen. Berechtigte Ansprüche werden selbstverständlich im Rahmen der üblichen Vereinbarungen abgegolten.

Die Bibelzitate im Heft folgen, wenn nicht anders angegeben, der revidierten Übersetzung Martin Luthers. © Deutsche Bibelgesellschaft Stuttgart 1985.


**ISBN 3-7668-3622-6**





Umschlaggestaltung: Hans-Eduard Franke, Stuttgart
Titelbild: René Magritte, la reproduction interdite (Die verbotene Reproduktion), 1937. ©VG Bild-Kunst, Bonn 1998
Bild Umschlagrückseite: Sigmar Polke, Die Dinge sehen wie sie sind, 1992.
Layout und Herstellung: Kurt Thönnes, die Werkstatt, CH-Liebefeld-Bern.
Satz und Reproduktion: SatzTeam Berger, Ellenberg
Druck: Druckhaus Beltz, Hemsbach

# A Entdeckungen im Alltag

Pablo Picasso (1881–1973), Frau vor dem Spiegel, 1937. © Succession Picasso/VG Bild-Kunst, Bonn 1998.

## 1 Mein Typ ist gefragt

*Die neun Typen entstammen dem Enneagramm, einer alten Seelenkunde der Sufis (islamische »Mönche«), die jahrhundertelang mündlich weitergegeben wurde. Der Begriff »Enneagramm« stammt aus dem Griechischen: ennea ist das Wort für neun, »gramm« bedeutet so viel wie bildliche Darstellung. In den 70er Jahren gelangte die Lehre des Enneagramms in die USA. Dort wurde sie im Rahmen der Humanistischen Psychologie neu interpretiert. Jesuitische Priester übernahmen das Enneagramm und verwenden die alte Typenlehre der menschlichen Charaktere bei der Seelsorge, der Beratung und bei geistlichen Übungen. Das Enneagramm will helfen, der eigenen Persönlichkeit in ihrem Reichtum auf die Spur zu kommen. Falsch und gefährlich wird es jedoch dann, wenn die neun Typen als »Schubladen« benutzt werden, um andere Menschen festzulegen.*

**Typ Eins**
**Musterkinder mit dem Hang zur Perfektion**

EINSer sind Idealisten, geprägt von einer tiefen Sehnsucht nach einer Welt der Wahrheit und Gerechtigkeit. Weil sie ehrlich und fair sind, finden sich unter ihnen gute Leiterinnen und Leiter, Lehrer und Lehrerinnen. Allerdings bereitet es ihnen Mühe, eigene und fremde Schwächen zu akzeptieren. Als Kinder verinnerlichten sie Sätze wie: »Sei brav, sei nicht kindisch, streng dich an.« In dem Versuch, Musterkinder der Eltern zu werden, versuchen sie, Aufgaben perfekt zu erledigen. Tugenden, mit denen sie Eltern imponieren wollen, etwa Sparsamkeit oder Ordnungsliebe, bestimmen die alltägliche Routine. Weil mit Anerkennung für gute Leistungen in ihrer Kindheit gegeizt wurde und die Eltern ihre hervorragenden Ergebnisse als selbstverständlich hinnahmen, hecheln EINSer immer irgendwelchen Idealen hinterher. Sie verzichten auf die Entwicklung der eigenen Persönlichkeit, um anderen zu gefallen, vor allem durch ihre Perfektion.

### Typ Zwei
### Die Liebenden, Helferinnen und Diener der Welt

ZWEIer vermitteln anderen ein Gefühl der Wertschätzung und teilen großzügig alles, was sie besitzen. Auf der anderen Seite brauchen sie viel Bestätigung. Vielen von ihnen fehlt aus der Kindheit das Gefühl der Geborgenheit. Die Liebe der Eltern mussten sie sich erst verdienen, meist indem sie sich nützlich machten. ZWEIer legen Wert darauf, gebraucht zu werden. Wenn anderen ihre Zuwendung zu viel wird, fühlen sich ZWEIer ausgenutzt und betrogen. ZWEIer halten dauernd ein Thermometer in die Luft, um festzustellen, wie andere ihnen gesonnen sind. ZWEIer besitzen oft einen großen Bekanntenkreis und neigen schnell dazu, Menschen als ihre Freunde zu bezeichnen. Schmal erscheint bei der ZWEI der Grat zwischen selbstloser Nächstenliebe und einem Helferkomplex. In Beziehungen suchen ZWEIer häufig schwache Partner, für die sie sich aufopfern. Wenn die ZWEI verletzt wird, kann sie allerdings plötzlich aufhören anschmiegsam zu sein und wird dann ihre Krallen zeigen.

### Typ Drei
### Erfolgsmenschen auf der Suche nach Anerkennung

Was die DREI anpackt, gelingt. Weil sie eine gute Atmosphäre verbreitet, wird sie am Arbeitsplatz oder bei geselligen Veranstaltungen geschätzt. Die DREI identifiziert sich mit ihrer »Firma«, der Schule, dem Betrieb, der jeweiligen Organisation. Aber die eigenen Gefühle bereiten der DREI Probleme. Immer treibt sie die Frage um: »Habe ich Erfolg, komme ich gut an?« Die DREI betrachtet das Leben als Konkurrenzkampf, bei dem alle auf der Sieger- oder Verliererseite stehen. Sie erwirbt sich Kompetenz durch Energie und harte Arbeit. Großen Wert legt die DREI auf äußere Attraktivität. Typische Berufe findet die DREI im Management, im Verkauf oder im Medienbereich. In Beziehungen spielt die DREI perfekt die Rolle, die von ihr erwartet wird und die dem jeweiligen Zeitgeist entspricht. Betritt die DREI einen Raum, weiß sie sofort, welche Atmosphäre vorherrscht, wie sie sich verhalten muss und auf welche Nuancen des Ausdrucks sie Wert legen muss. Weil die DREI von der Bestätigung und dem Lob lebt, blendet sie negative Seiten eines Projekts aus und nimmt die positiven übertrieben stark wahr.

### Typ Vier
### Extravagante und melancholische Künstler

»Die Welt wird durch Schönheit gerettet werden.« Dieses Wort Dostojewskis bildet das Lebensmotiv dieses Typs. VIERer wollen etwas Besonderes sein, ästhetisch anziehend, kreativ und extravagant in äußerem Erscheinen und Benehmen. Die Sehnsucht nach Schönheit bestimmt ihr Leben, der Wunsch, dass sich ihr Leben und die Welt zu einem harmonischen Ganzen zusammenfügt. Weil sie in ihrer Kindheit die Erfahrung machten, dass die Gegenwart unerträglich und sinnlos ist, wenden sie sich bei der Suche nach Identität ihrem Innenleben zu. Geprägt durch einen Verlust in ihrer Kindheit (Tod eines Elternteils, Scheidung, Entwurzelung), richtet sich die Sehnsucht auf jene verlorene Liebe zugleich in Heimweh und Fernweh. Zudem plagen Selbstzweifel, denn die VIER glaubt, dass der erlittene Verlust auf ihre Schuld zurückgeht und dass Ablehnung durch andere eigenen Fehlern entspricht. VIERer lehnen die Normen der Gesellschaft ab und setzen an ihre Stelle eigene Vorstellungen. Sie schwärmen von großen Autoritäten, nach außen sind sie leicht durch den Hang zu ausgefallener Kleidung und ihr ausgeprägtes Stilempfinden etwa bei der Gestaltung ihrer Wohnung erkennbar.

### Typ Fünf
### Distanzierte Sammler und originelle Denker

Die Begabung der FÜNF liegt darin, empfänglich für neue Fakten und Eindrücke zu sein. FÜNFer sind originelle Köpfe. Sie gehen den Sachen auf den Grund. Sie verfügen über eine stille innere Kraft, die sie zartfühlend, höflich, liebenswürdig erscheinen lässt. Als Primärerfahrung wurde ihnen vermittelt: »Du bist nicht erwünscht.« Manche FÜNFer hatten als Kinder Bezugspersonen, die zu zudringlich waren und sie zur Flucht in eine Innenwelt drängte; oder sie erfuhren zu wenig Zärtlichkeit und Nähe, so dass die Fähigkeit, Gefühle zu erleben und auszudrücken, unterentwickelt blieb. Das so entstandene Vakuum versuchen FÜNFer durch Sammeln oder Entdecken auszugleichen. FÜNFer sehen und hören alles, und vor allem: Sie behalten alles. Sie brauchen eine geschützte Privatsphäre, sie sehnen sich nach einem Rückzugsort, in dem sie sich unbeobachtet fühlen und wo sie denken können: »My home is my castle.« In Beziehungen fällt es ihnen schwer, Zuneigung offen zu zeigen. Weil sie ihre Liebe eher mit versteckten Zeichen und Gesten bekunden, haben ihre Partner manchmal das Gefühl, die FÜNF habe kein großes Interesse an ihnen. FÜNFer hassen es, im Mittelpunkt zu stehen oder ihre Gefühle offen zur Schau zu tragen. Sie schrecken oft vor Heirat und Elternschaft zurück, weil dies eine zu starke emotionale Bindung erfordert.

**Typ Sechs**
**Loyale Freunde und ängstliche Zweifler**

Menschen, die diesem Typ angehören, erscheinen kooperativ, teamfähig und zuverlässig. In Partnerschaften erweisen sie sich als treu. Sie sind originell und witzig, besitzen manchmal einen skurrilen Humor. Sie sehen bei Projekten schnell mögliche Gefahrenpunkte, sie besitzen ein sicheres Gespür dafür, was möglich ist und was nicht. SECHSer haben einen sechsten Sinn für drohende Gefahren. Auf der anderen Seite sind Menschen dieses Typs oft von Selbstzweifeln geplagt. Schon in ihrer Kindheit wurde ihnen vermittelt, dass die Welt gefährlich ist und man stets auf der Hut sein muss. Andere Menschen werden auf die Probe gestellt, ob man ihnen vertrauen kann. SECHSer fürchten die Aggressionen anderer und werden doch selbst bisweilen höchst aggressiv. Auf der einen Seite liebenswürdig und angepasst, können sie leicht gemein und hasserfüllt werden. Sie brauchen Autoritäten, die sie einerseits fürchten, die ihnen aber andererseits Ansehen und Macht verleihen. Oft berichten SECHSer von Brüchen in ihrer Lebensgeschichte. Prüfungsängste und das Scheitern kurz vor dem Ziel sind Ergebnis einer lähmenden Versagensangst. Sie erscheinen oft pessimistisch, mit Erfolg können sie nicht umgehen. Sie gleichen den »losern«, die Woody Allen in seinen Filmen verkörpert.

**Typ Sieben**
**Optimistische und neugierige Aktivisten**

SIEBENer besitzen eine ansteckende Fröhlichkeit. Um sie scharen sich Kinder, weil bei ihnen etwas los ist und es humorvoll zugeht. SIEBENer verbreiten Optimismus und Lebensfreude, sie wollen jeden Tag als Geschenk erleben. Oft entspringt diese Haltung traumatischen Kindheitserfahrungen. Im Bemühen, die Schmerzen der Kindheit zu verdrängen und dem Leben positive Seiten abzugewinnen, leben sie nach der Devise: Das Leben ist wundervoll. Viele bleiben das »ewige Kind«. Redewendungen wie »Super, toll, einmalig, Klasse, Wahnsinn« charakterisieren ihre Einstellung zum Leben. SIEBENer sind neu-gierig im wahrsten Sinn des Wortes. Nie erscheint ihnen genug, was sie besitzen. Immer kundschaften sie neue Möglichkeiten aus, um die Freude am Leben zu maximieren. Immer müssen sie mehrere Bälle im Spiel haben, sie mögen sich nicht festlegen. Immer wieder genehmigen sie sich »Bonbons«, um negative Seiten des Lebens wie lästige Pflichten und Frustrationen abzupolstern. Sie verstehen sich auf die Kunst des Bluffens. Andererseits fürchten sie sich, tiefe Beziehungen zu Menschen zu entwickeln, weil in der Tiefe der Schmerz lauert. SIEBENer legen sich schwer auf eine Berufskarriere fest. Sie brauchen Freiheit auch bei der Berufswahl.

**Typ Acht**
**Starke Beschützer und unerbittliche Kämpfer**

ACHTer sind kraftvoll und mächtig, sie vermitteln anderen ein Gefühl von Stärke. Instinktiv erfassen sie, wo etwas nicht in Ordnung ist und stinkt. Auf ihr Wort ist Verlass. Viele ACHTer stammen aus Verhältnissen, aus denen sie sich hochkämpfen mussten. Sie konnten niemandem vertrauen, konnten es sich nicht leisten Schwächen zu zeigen. In ihrer Gruppe mussten sie Mutproben bestehen, um zu beweisen, wie mutig und waghalsig sie sind. Ihre Eltern vermittelten ihnen: »Du brauchst dir nichts gefallen lassen, schlag zurück, zeig den anderen, wer du bist!« Einige ACHTer entwickelten ihre Haltung des Kämpfens und sich Durchsetzens auch als Gegenreaktion gegen vermeintlich schwache Eltern. Die kompromisslose Haltung der ACHTer wirkt oft verletzend und ACHTer tun sich schwer, sich zu entschuldigen oder etwas zurückzunehmen. Mit Vorliebe kämpfen sie gegen falsche Autoritäten und Hierarchien. Dann stehen sie auf Seiten der Schwachen, für die sie bedingungslos Partei ergreifen. Sie provozieren und schüchtern ein, aber sie nehmen sich derer an, die unverschuldet in Schwierigkeiten geraten.

**Typ Neun**
**Umgängliche Friedensstifter und harmlose Protestler**

NEUNer sind Friedensstifter. Sie verfügen über die Gabe, andere ohne Vorurteile zu akzeptieren. Sie eignen sich als unparteiische Schiedsrichter, weil sie sich gut in die Position anderer versetzen können. Sie kommen anderen entgegen, um sich Ärger zu ersparen. Ihr Wesen ist nicht durch Kalkül und Pragmatismus verdorben. In der westlichen Zivilisation wird ihre Lebenshaltung oft zur Sünde erklärt und mit den Begriffen Faulheit und Trägheit in Verbindung gebracht. NEUNer sind Generalisten. Ihr breites Spektrum an Begabungen probieren sie aus, ohne sich auf weniges zu spezialisieren. Als Gegenüber bei Gesprächen wirken sie angenehm, weil sie sich auf die Themen anderer einlassen und mit dem Strom schwimmen. In ihrer Kindheit machten sie oft die Erfahrung übersehen zu werden. Die Interessen anderer standen im Vordergrund. Nicht einmal Zornesausbrüche wurden registriert. Oft standen sie als Kinder zwischen Fronten und vergaßen im Bemühen, die Position anderer zu verstehen, eigene Bedürfnisse. NEUNer sind lieb, man muss sie einfach gern haben. Manchmal wirken sie jedoch so wachsweich in ihrer Haltung, dass ihr eigenes Profil nicht erkennbar scheint.

*Nach: Richard Rohr/Andreas Ebert, Das Enneagramm. Die neun Gesichter der Seele, Claudius Verlag, München. Zeichnungen: Reiner Schaufler.*

# 2 Warum gerade wir beide? Partnerwahl

**Mit welchem Mann ist diese Frau verheiratet?**

Die Frage, welche Volksweisheit denn nun stimmt: »Gleich und gleich gesellt sich gern« oder »Gegensätze ziehen sich an«, wird von der Wissenschaft ziemlich eindeutig beantwortet. Sie bestätigt, was schon Shakespeare wusste, der die »Ehe gleicher Seelen« pries: Wir verlieben uns in Menschen, die uns ähnlich sind. *Das genetische Modell der Partnerwahl* erklärt, warum dies so ist: Ähnlichkeit sichert einen genetischen Bonus. Der Nachwuchs einander ähnlicher Paare ist mit beiden Eltern mehr verwandt als nur die üblichen 50 Prozent.

Abgesehen von diesem »genetischen« Vorteil: Die Ähnlichkeit der Partner ist auch ein Garant für die Stabilität der Beziehung. Neueste Studien bestätigen: Wer einen Menschen heiratet, der ihm ähnlich ist, führt eine glücklichere und stabilere Ehe als Paare, die sehr unterschiedlich sind. Die Forscher fanden wenig Belege dafür, dass sich Gegensätze auf Dauer anziehen.

Vor allem in folgenden Faktoren stimmen durchschnittliche Paare überein:

- Herkunft : Wir fühlen uns zu Menschen hingezogen, deren Familienwelt der unseren in wichtigen Aspekten ähnelt, und deren psychologische Situation in der Ursprungsfamilie der unseren gleicht (wie zum Beispiel ähnliche Geschwisterrollen, ähnliche Rolle für die Eltern, ähnliche Traumata).
- Physische Ähnlichkeit: Die Ähnlichkeit von Paaren in körperlichen Merkmalen wird in der Literatur häufig betont. Die meisten Partner gleichen sich in Körperstatur und Körpergröße. Sie sind annähernd gleich schlank oder gleich dick, und gleichermaßen attraktiv oder unattraktiv.
- Intelligenz: Wichtig für Partnerwahl und Beziehungszufriedenheit scheinen auch ähnliche kognitive Fähigkeiten zu sein. Verschiedene Studien belegen, dass sich Ehepaare in ihren sprachlichen Fähigkeiten, ihrem Erinnerungs- und Vorstellungsvermögen gleichen.
- Persönlichkeitseigenschaften: Auch in ihren Persönlichkeitseigenschaften achten Partner auf Ähnlichkeit. Von besonderer Bedeutung scheint dabei der Grad an Selbstaufmerksamkeit (Self-Monitoring) zu sein. Menschen mit hoher Selbstaufmerksamkeit neigen dazu, ihre Selbstdarstellung und ihr Verhalten stark zu beobachten und äußeren Anforderungen anzupassen. Menschen, bei denen diese Eigenschaft eher schwach ausgeprägt ist, sind dagegen »innengeleitet«. Sie legen wenig Wert auf die Meinung anderer, orientieren sich an ihren eigenen Gefühlen und Überzeugungen.

Die Forschung zeigt nun, dass Menschen mit hoher Selbstaufmerksamkeit Partner suchen, die ebenfalls stark außengeleitet sind. Sie legen in besonderem Maße Wert auf die äußere Attraktivität eines möglichen Partners. Umgekehrt fühlen sich innengeleitete Menschen stärker von den inneren Werten, der Persönlichkeit eines Menschen angezogen.
Bleibt die Frage: Wie erkennen »ähnliche« Menschen einander? Woher wissen sie oft gleich auf Anhieb: »Der/die passt zu mir«?

*Psychologie heute, Januar 1997 S. 24 ff.*
*Fotos: Stefan Blume*

# 3 Warum Menschen Kinder haben

*Karl Homann (geb. 1943), Professor für Wirtschafts- und Unternehmensethik an der Wirtschaftswissenschaftlichen Fakultät Ingolstadt der katholischen Universität Eichstätt.*

Anfang der sechziger Jahre, als die Geburtenzahlen in der Bundesrepublik gerade ihrem höchsten Stand (1964) entgegenstrebten, hat Wilfried Schreiber allein aufgrund einer scharfsichtigen theoretischen Analyse der ökonomischen Zusammenhänge dem damaligen Bundeskanzler Konrad Adenauer vorgeschlagen, analog zur Altersrente auch eine »Jugendrente« einzuführen, weil anders der »Generationenvertrag« nicht zu stabilisieren sei. Adenauer hat dies aus zwei Gründen abgelehnt: Erstens hätten Kinder keine Wählerstimmen und zweitens wollten die Menschen immer Kinder haben. Kaum eine Prognose ist in einer vergleichsweise kurzen Zeit so nachhaltig falsifiziert worden wie diese: In nur sieben oder acht Jahren haben sich in der Bundesrepublik die Geburtenzahlen nahezu halbiert. Die Frage ist: warum?

Mit einer echten anthropologischen Konstante »Kinderwunsch« ist es offenkundig nicht weit her: Das wissen wir heute. Man kann auf »Werteverfall« plädieren. Muss dann aber erklären, warum sich im privatesten, persönlichsten Bereich, im generativen Verhalten, urplötzlich die »Werte« geändert haben sollen – gerade jetzt, nicht früher oder später, und nahezu gleichzeitig auf breiter Front: Eine solche Erklärung gelingt nicht.

Im Zuge der neueren ökonomischen Theorie des generativen Verhaltens wird auch hier ökonomisch kalkuliert. Dann lautet die Erklärung im Grundsatz so: Veränderungen des generativen Verhaltens, also der Geburtenrate, sind auf veränderte Bedingungen zurückzuführen, auf Kostenänderungen, an die sich die Individuen anpassen. Dabei darf man unter »Kosten« modern nicht (nur) die »Ausgaben« verstehen, also das, was für Kinder vom Konto abfließt, darunter ist vor allem auch das zu verstehen, was infolge der Kindererziehung durch die Frau auf dem Konto gar nicht erst eingeht (»Opportunitätskosten«). Und da sind in der Tat seit den sechziger Jahren Änderungen eingetreten: Die bessere Ausbildung der jungen Frauen und die guten Beschäftigungsaussichten in den sechziger Jahren haben das mögliche Markteinkommen von Frauen steigen lassen, auf das sie bei Kindererziehung verzichten mussten. Der Ökonom sagt: Die Kosten der Kindererziehung im weitesten Sinne – wozu auch noch der Karriereknick oder Karriereabbruch der Frauen gehört – sind gewaltig gestiegen, und es kam folgerichtig zu einer Anpassung gemäß dem ökonomischen Rationalmodell: Die Geburtenrate hat sich auf niedrigem Niveau eingependelt!

*Karl Homann, Individualisierung: Verfall der Moral? Zum ökonomischen Fundament aller Moral, Beiträge zur Wochenzeitung Das Parlament B 21/97 vom 16. 5. 1997, S. 13–21, dort 16f.*

Foto: © Dietmar Gust

# 4 »Warum nur? Warum?«

Sabine L. ist eine geschlagene Frau. Seit zwölf Jahren ist sie verheiratet, und seit zwölf Jahren misshandelt ihr Ehemann sie. Wenn Bernd L. von der Arbeit nach Hause kommt, beginnt ihre Angst. Ein falsches Wort, und er schlägt zu. Den Kontakt zu Freunden hat er ihr verboten. Ohne seine Erlaubnis darf die 43-jährige das Haus nicht verlassen.

An jenem Abend, als zum ersten Mal die Polizei vor der Tür stand, war es nicht bei den üblichen Ohrfeigen geblieben. Sabine L. hatte sich allein aus dem Haus gewagt. Das wollte ihr Mann nicht hinnehmen. »Du dreckige Hure«, schrie er und trat seiner Frau in den Unterleib. Sabine L. schrie so laut um Hilfe, dass Nachbarn die Polizei riefen. Als die Beamten vor der Tür standen, war jedoch wieder Ruhe eingekehrt.

*Deutsches Allgemeines Sonntagsblatt, Nr. 46 vom 15.11.1996, S. 16*

*Foto: © Greenpeace*

# 5 Ich bin alt genug, um zu wissen, was ich tue

**Aus dem Tagebuch der Fixerin Heidi S.**

29.12. Für mich hat in den letzten drei Monaten ein neues Leben begonnen. Ich bin in eine neue Clique gekommen. Seitdem nehme ich Hasch, obwohl es die Jungen nicht mögen, wenn ich kiffe, aber mir macht es Spaß. Eigentlich nehme ich es nur, um Tommy zu vergessen. Er ist süchtig. Er spritzt. Das finde ich schrecklich.

30.12. Ich weiß, dass Rauschgift gefährlich ist. Aber schließlich bin ich alt genug, um zu wissen, was ich tue. Meine Lehrer behaupten alle, dass ich süchtig bin, was ich aber nicht bin. Als man das erste Mal behauptet hat, ich nehme Hasch, hatte ich noch überhaupt keinen Kontakt dazu. Als aber meine Lehrer deswegen das Jugendamt einschalteten, habe ich aus Angst und Wut das erste Mal gekifft. Und wegen Tommy habe ich dann weiter gekifft.

31.12. Letzte Nacht habe ich geträumt, ich hätte Opium und würde schießen. Es tat ganz arg weh, aber die Wirkung war wunderschön. Ob ich auch in Wirklichkeit schießen würde, weiß ich nicht.

10.1. Als wir gestern Wein holten im Keller von Sabines Vater, waren wir wieder einmal blau.

17.1. Unser Lehrer S. ist gemein zu mir. Auch die anderen in der Klasse wenden sich immer mehr von mir ab. Vielleicht weil ich kiffe. Ich habe mir vorgenommen, ich höre auf. Manchmal bin ich so unglücklich. Es ist alles grau und kalt.

9.3. Habe in der Zwischenzeit schon so viel gekifft, dass ich süchtig bin. Aber spritzen werde ich auch noch. Das habe ich mir fest vorgenommen.

27.5. Habe in der »Bieralm« einen gefragt, ob er was zu kiffen hat. Ich durfte mitziehen. Beim 5. oder 6. Zug war es so, als würde alles anfangen zu wackeln. Mir wurde schwarz vor Augen, und ich kippte auf der Straße um. Langsam ging es mir wieder besser. Als ich heimging, kam ich mir vor wie im Paradies. Alles war so wunderschön. Ich war selig. Heute morgen war aber alles schrecklich. Ich fühlte mich allein und einsam.

16.6. Hab' zum erstenmal gefixt. Ist aber Scheiße.

5.7. Warum bin ich eigentlich so oft zu? Manchmal frage ich mich, warum ich noch lebe. Wenn ich genug Mut hätte, würde ich mich umbringen.

22.10. In der Clique, in der ich jetzt bin, bin ich glücklich. Ich kann so oft wie möglich kiffen und Tabletten schlucken. Glücklich werde ich aber nie mehr.

13.5. Ich liebe Drogen. Diese Liebe ist die wahre Liebe. Ich habe sie endlich gefunden. Ich nehm Shit, Trips und ab und zu auch mal'n Schuss. Das ist gut.

8.6. Ich bin voll auf Trip. Alles bewegt sich, alles wackelt. Ich drehe durch. Bitte helft mir doch. Bitte.

12.6. Es ist alles vorbei. Ich bin nicht mehr die Heidi. Ich weiß nicht mehr, wer ich bin.

28.11. In mir ist der Drang, in die Welt zu reisen, bevor ich sterbe. Aber vielleicht bin ich morgen schon tot. Dann bin ich traurig gestorben. Ich möchte aber gern glücklich sterben. Ich muss hier raus. Die Familie macht mich kaputt.

*Foto: © Dietmar Gust*

7.1. Silvester und Neujahr habe ich auf Schuss verbracht. Es war unheimlich gut. Dieses Jahr werde ich 18. Volljährig.

10.4. Morgen gibt's was zum Drücken. Ich hab' zwar viel Schulden, aber deswegen versaure ich nicht. Genießen ist meine Masche.

2.7. Ich war jetzt zwei Monate mit Gelbsucht im Krankenhaus. Heute bin ich den zweiten Tag daheim und habe schon wieder eineinhalb Aitsch geschnupft und zwei gedrückt. Wenn ich nur endlich aufhören könnte.

27.9. Bin auf dem Strich gelandet und brutal in Geldsorgen wegen dem Drücken. Ich will wieder rauf, keine Hure sein und nicht süchtig. Dreimal muss ich noch mindestens auf den Strich gehen, damit meine Schulden wegkommen.

*DER SPIEGEL Nr. 37 vom 7.9.1981, S. 95–115 (in Auszügen)*

# 6 Ich will mich für meine Arbeit nicht kaputt machen

*Die Shell Jugendstudien befassen sich seit 1950 in regelmäßigen Abständen mit den politischen Einstellungen und den Formen des Engagements von Jugendlichen in unserer Gesellschaft. Das Besondere der Jugendstudie von 1997 besteht in dem Versuch, einen »Perspektivenwechsel« einzuleiten und die Jugendlichen mit ihrem Lebensgefühl, ihrer Art zu leben und ihrer Beurteilung von Gesellschaft, Alltag und Zukunft selbst zu Wort kommen zu lassen.*

*Foto: © David Weidinger*

• »Unsere Gesellschaft finde ich im Kern vielleicht ganz positiv, aber so wie sie im Moment ausgeprägt ist unheimlich negativ. Es ist eine Leistungsgesellschaft: Wer was bringt, kommt auch weiter und kann gut leben. Wer Pech hat, halt aus irgendwelchen Gründen da nicht so teilhaben kann, der fällt dann unten durch. Das sind dann die Asozialen, um die sich keiner zu kümmern braucht, und die kriegen dann auch noch Sozialhilfe. Es gibt halt Leute, die irgendwo nicht so abhängig sind von der Gesellschaft, weil sie es zu etwas gebracht haben, und die meckern dann natürlich: ›Ich gehe hier arbeiten und der macht sich einen faulen Lenz.‹ Ich will mich für meine Arbeit nicht kaputtmachen. Wenn ich das sehe, wie krank manche Leute sind, nach ihrer Arbeit, nachdem sie 40 Jahre Untertage gearbeitet haben oder in irgendeiner Fabrik. Das ist doch schrecklich. Warum machen die Leute das? Nur damit sie leben können – und dann leben müssen mit diesen Krankheiten. Aber das ist unsere Leistungsgesellschaft. Es wäre doch viel sinnvoller, wenn die Leute arbeiten, weil es ihnen Spaß macht, sicher auch, weil sie es müssen, weil sie Geld brauchen. Das ist eine Frage des Managements, dass hier zu wenig Leute eingesetzt sind.« (m, 22 Jahre, West)

• »Viele Jugendliche sind schlichtweg frustriert von der Politik, weil es so schwierig ist mit Arbeitsstellen. Bis zur Schule ist ja noch alles okay, aber wie dann weiter? Warum sollten sie sich engagieren, wenn sie nichts zu erwarten haben? Mein Bruder zahlt einen Haufen Geld an Rentenbeiträgen und weiß genau, dass er selber bestimmt keine Rente bekommen wird. Es ist doch schon jetzt abzusehen, dass der Staat kein Geld mehr dafür haben wird. Das schafft viel Hoffnungslosigkeit. Man könnte sagen: Okay, ich krempel die Ärmel auf und gehe in die Politik, um endlich was zu verändern. Aber da sitzen all' die alten Männer in ihren Positionen, wie kriegt man die weg? Wer einmal eine solche Position hat, der steht freiwillig nicht auf. Wenn jemand mit neuen Ideen kommt, dann sagen die: ›Schön, schön, aber ...‹ Die Politiker engagieren sich zuwenig für die Jugendlichen. Kürzlich hat die Stadt den Jugendlichen einen Platz zum Autofahren zur Verfügung gestellt. So was müsste viel öfter geschehen.« (w, 20 Jahre, Ost)

• »Ein Gemeinschaftsgefühl gibt es in unsrer Westgesellschaft nicht, hier sind die Ausprägungen des Individualismus sehr schlimm, schlussendlich ist man allein. Dass man als Einzelner agiert, ist ja nicht nur die Freiheit, dass man tun und lassen kann, was man will. Sondern man muss sich auch um alles selber kümmern. Es ist noch viel schlimmer, weil man bekommt ja nicht nur keine Unterstützung von der Gesellschaft um einen herum, sondern alle anderen sind ja oft sogar Gegner oder Konkurrenten. Zum Beispiel muss man sich um einen Job kümmern, geht aufs Arbeitsamt und alle, die mit einem im Flur sitzen, sind potentielle Gegner, weil sie einem vielleicht die Arbeitsstellen vor der Nase wegschnappen.
Der Einsatz der Ellenbogen wird immer schlimmer, weil immer mehr Leute beim Arbeitsamt stehen und keinen Job bekommen. Wenn irgendwelche Leute entlassen werden – irgendwann ist man's selber.« (m, 20 Jahre, Ost)

*Jugendwerk der Deutschen Shell (Hg.), Jugend 97, Leske und Budrich 1997, S. 42.46*

# 7 Ich möchte noch nicht sterben

*Isabell Zachert starb am Buß- und Bettag 1982 im Alter von 17 Jahren an Lungenkrebs. Ihre Mutter Christel Zachert veröffentlichte die Tagebuchaufzeichnungen und Briefe ihrer Tochter verbunden mit eigenen Erinnerungen zehn Jahre nach Isabells Tod.*

15.11.1982

Da wir über das Wochenende mit der Schmerzbestrahlung des rechten Armes aufhören mussten, bin ich heute am Montag unfähig, eigenhändig meine Gedanken niederzuschreiben. Da ich aber zu meiner geliebten Mutter ein uneingeschränktes Vertrauen habe und meine Eltern nach meinem Ableben sowieso die Erlaubnis haben, mein Tagebuch zu lesen, erfüllt sie mir den Wunsch, die Gedanken der letzten Tage niederzuschreiben.
Samstag abend gelang es mir ja mit Vaters Hilfe, mich vom Schleim zu befreien, so dass wir eigentlich alle gute Aussichten hatten, eine ruhige Nacht zu verbringen. Dem war aber nicht so. Wir hatten ein sehr langes, ehrliches und auch etwas schwieriges Gespräch.

Aber ich sagte ihm, dass ich von meinem Paradies aus alles sehen könne und in Gedanken immer bei euch sein werde. Wir versprachen uns, jeden Abend um zweiundzwanzig Uhr aneinander zu denken und so vereinigt zu sein. Ich erklärte ihm auch, dass er die Zeit der Trauer um mich noch einmal als eine sehr beglückende Zeit mit seiner geliebten Frau erleben könnte. Wenn zwei Menschen das Produkt ihrer Liebe zusammen verlieren, kann der Schmerz beide nur noch um so fester aneinander fesseln.
In dieser Nacht schliefen wir nicht mehr viel. Das Ergebnis hatten wir am nächsten Morgen.
Ich wurde gewaschen und aß gut, bekam aber dann unerträgliche Schmerzen im rechten Arm. Es war kurz vor zehn, so dass Dr. Kern noch nicht da war. Der diensthabende Arzt erschien und gab mir einen sehr starken Hammer an Schmerzmitteln. Meine Befürchtung bewahrheitete sich, ich bekam wieder einen Rappel. Zum Glück hatte ich mich diesmal sehr unter Kontrolle, so dass ich nicht ersticken konnte. Ich hatte aber große Angst. Noch nichts hatte ich vorbereitet für meinen Tod, körperlich war die Situation äußerst unangenehm für mich. Schwester Claudia bewies ihre Stärke für kritische Situationen und beruhigte mich, indem sie mich sehr ausführlich über eine Stunde mit Transpulmin einrieb. Dr. Kern war mittlerweile auch Herr der Situation und hatte mir Beruhigungstropfen gegeben. Papa streichelte meine Füße, so dass ich bald darauf zweieinhalb Stunden schlief. Zum Glück hatte keiner angerufen. Ich glaube, Papa hätte ihn durchs Telefon aufgefressen. Um halb drei war Schichtwechsel, Mutti kam und Papa erholte sich zu Hause vom Schreck. Während Muttis Anwesenheit diktierte ich ihr aus dem Kopf eine Art Testament. Ich wollte mit gewissen Sachen gerne ein paar guten Freunden noch eine Freude machen. Das Ganze wird noch in ausführlicher Form im Tagebuch passieren, da ich mich noch kräftig genug fühle, so lange zu leben, wie ich will.

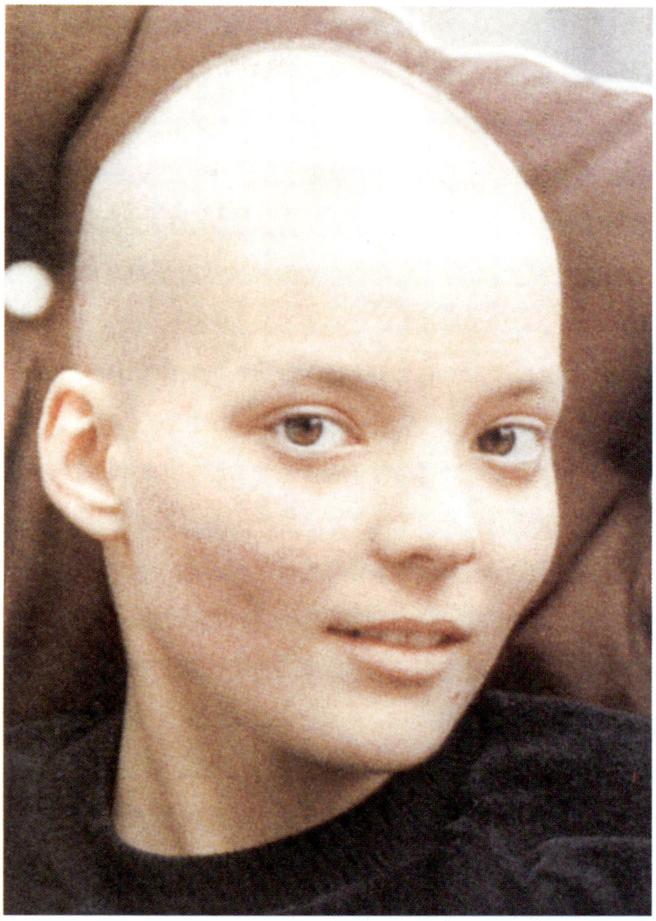

*Foto: © Siegfried Fournes*

15.11.1982

Liebe Oma!
Meine so sehr geliebte Oma, wahrscheinlich sehe ich dich nun doch nicht mehr, bevor ich in das Paradies gehe. Bestimmt treffe ich Opa, dem ich wahrscheinlich nichts über uns hier unten zu erzählen brauche. Wir leben im Geist mit euch weiter. Ich möchte noch nicht sterben. Ich wehre mich sehr dagegen, euch zu verlassen. Vielleicht lässt Gott noch ein Wunder geschehen. Wenn es mir die Zeit erlaubt, werde ich noch mehr an dich schreiben.
Ich liebe dich innigst dein

Enkelkind Belli

*Christel und Isabell Zachert, Wir treffen uns wieder in meinem Paradies, Gustav Lübbe Verlag, Bergisch Gladbach 1993, S. 172–175*

# B Eine Reise in die Philosophie

*Philosophen stellten schon immer die Frage, was der Mensch sei, im Zusammenhang mit dem Versuch, das Ganze der Wirklichkeit gedanklich zu erfassen. Dabei sind drei letzte Horizonte, in denen das Menschsein eingeordnet wurde, zu unterscheiden: der Horizont des einen Gottes, den man als letzte Wirklichkeit verstand, der Horizont der vorgegebenen Natur und der Horizont der Kultur, die man als Inbegriff aller menschlichen Errungenschaften und Institutionen deutete. Die Auswahl der philosophischen Texte orientiert sich zum einen an diesen drei Horizonten; zum anderen stellen die Texte kontroverse Positionen dar. Die Texte greifen Alltagserfahrungen auf, versuchen dann aber, das Wesen des Menschen zu beschreiben und Hilfen für einen eigenen Lebensentwurf zu geben.*
*Besitzt der Mensch eine unsterbliche Seele? Ist er das erhabenste Geschöpf? Ist er nur eine gut funktionierende Maschine? Sind die Menschen von Natur aus böse? Ist der Mensch autonom? Sind alle Menschen Egoisten?*

## 8 Tod: eine Erlösung oder das Ende der Empfindung?

### Platon: Der Tod des Sokrates

■ *Über Athen senkt sich die Sonne. Im engen Gefängnisraum in der Nähe der Akropolis drängen sich die Freunde um den Philosophen Sokrates. Alle sind gekommen, denn heute wird das Todesurteil an Sokrates vollstreckt. Nach Einbruch der Dunkelheit wird der Beauftragte der Stadt Athen mit dem Schierlingsbecher eintreffen, dem tödlichen Gift für Sokrates. Einige der Freunde kämpfen mit den Tränen, andere schweigen betroffen.*
*So schildert Platon in der Schrift »Phaidon« die letzten Stunden seines Lehrers Sokrates.*
*Ein Gericht hatte den 70-jährigen Sokrates im Jahr 399 v.Chr. wegen Gotteslästerung und Verführung der Jugend zum Tod verurteilt. Freunde wollten eine Flucht aus dem Gefängnis organisieren, doch Sokrates lehnte ab.*
*Was hat ein Mensch zu sagen, der weiß, dass er in wenigen Stunden sterben muss?*

Der Leib macht uns tausenderlei zu schaffen wegen der notwendigen Nahrung, dann auch, wenn uns Krankheiten zustoßen, verhindern uns diese, das Wahre zu erjagen, und auch mit Gelüsten und Begierden, Furcht und mancherlei Schattenbildern und vielen Kindereien erfüllt er uns; so dass recht in Wahrheit, wie man zu sagen pflegt, wir um seinetwillen nicht einmal dazu kommen, auch nur irgendetwas einzusehen.

Es ist uns wirklich ganz klar, dass, wenn wir je etwas rein erkennen wollen, wir uns von ihm losmachen und mit der Seele die Dinge selbst schauen müssen. Und offenbar dann erst werden wir haben, was wir begehren und wessen Liebhaber wir zu sein behaupten, die Weisheit, wenn wir tot sein werden, solange wir leben aber nicht. Denn wenn es nicht

*Ferdinand Hodler (1853–1918), Sterbende Valentine Godé-Darel.*
*Das Ziel des Schweizer Malers Hodler war es, den Heroismus des starken, einfachen Menschen darzustellen. Er entwickelte eine vereinfachte Bildregie, in der wenige Figuren in gesteigerter Gestik agieren. Dies wird durch stilisierte Konturen und rhythmische Wiederholungen verstärkt. So beschrieb er von März 1913 bis Januar 1915 in mehreren Bildern das Sterben der Valentine Godé-Darel, seiner Lebensgefährtin, die er 1908 kennengelernt hatte.*

möglich ist, mit dem Leibe etwas rein zu erkennen: so können wir nur eines von beiden, entweder niemals zum Wissen gelangen oder nach dem Tode. Denn alsdann wird die Seele für sich allein sein, abgesondert vom Leibe, vorher aber nicht. Und solange wir leben, werden wir nur dann dem Erkennen am nächsten sein, wenn wir, soviel möglich, nichts mit dem Leibe zu schaffen haben noch gemein haben, sondern uns von ihm rein halten, bis der Gott selbst uns befreit. Und so rein und der Torheit des Leibes entledigt, werden wir wahrscheinlich mit ebensolchen zusammen sein und durch uns selbst alles Ungetrübte erkennen, und dies ist eben wohl das Wahre.

Wenn nun, sprach Sokrates, dies wahr ist, oh Freund, so ist ja große Hoffnung, dass, wenn ich dort angekommen bin, wohin ich jetzt gehe, ich dort, wenn irgendwo, dasjenige erlangen werde, worauf alle unsere Bemühungen in dem vergangenen Leben gezielt haben; so dass die mir jetzt aufgetragene Wanderung mit guter Hoffnung anzutreten ist auch für jeden anderen, der nur glauben kann, dafür gesorgt zu haben, dass seine Seele rein ist. – Allerdings, sprach Simmias. – Und wird nicht eben das die Reinigung sein, dass man die Seele möglichst vom Leibe absondere und sie gewöhne sich zu sammeln und zusammenzuziehen und soviel als möglich, sowohl gegenwärtig wie hernach, für sich allein zu bestehen, befreit von den Banden von dem Leibe? – Allerdings, sagte jener. – Heißt dies nicht Tod, Erlösung und Absonderung der Seele vom Leibe? – Allerdings, sagte jener. – Und sie zu lösen streben immer am meisten, sagte er, und allein die wahrhaft Philosophierenden? ... Also wäre es ja, wie ich anfänglich sagte, lächerlich, wenn ein Mann, der sich in seinem ganzen Leben darauf eingerichtet hätte, so nahe wie möglich am Gestorbensein zu leben, hernach, wenn eben dieses kommt, sich ungebärdig stellen wollte?

*Platon, Phaidon, 66b–68b, zitiert nach der Übersetzung von Friedrich Schleiermacher, hg. von M. Salzwedel, Phaidon Verlag, Essen und Stuttgart 1987, S. 54–59 (in Auszügen)*

**Platon: Zur Unsterblichkeit der Seele**

Eine jede Seele ist unsterblich. Denn das aus sich selbst Bewegte ist unsterblich. Einzig das sich selbst Bewegende, weil es nämlich sich selbst nie verlässt, hört auch nie auf, bewegt zu werden, sondern wird auch für alles andere, was bewegt wird, Quelle und Ursprung der Bewegung. Nachdem der Ursprung keine Entstehung hat, muss er notwendigerweise auch unzerstörbar sein. Denn wenn der Ursprung zugrunde ginge, könnte weder er selbst je aus irgend etwas entstehen, noch etwas anderes aus ihm, da ja alles aus dem Ursprung entstehen muss. So ist also der Ursprung der Bewegung das sich selbst Bewegende; dies aber kann weder untergehen noch entstehen, sonst müsste alles, sowohl der Himmel als die ganze Schöpfung, zusammenfallen und stillstehen, und sie hätten nie wieder etwas, durch das sie bewegt und zum Entstehen gebracht werden könnten. Nachdem sich also gezeigt hat, dass das von sich selbst Bewegte unsterblich ist, wird sich niemand zu sagen scheuen, dass eben dies das Wesen und der Begriff der Seele sei. Denn jeder Leib, der seine Bewegung von außen her erhält, ist unbeseelt, wer sie aber in sich selbst und aus sich selbst hat, der ist beseelt; denn gerade darin besteht die Natur der Seele. Wenn sich das aber so verhält, dass nichts anderes als die Seele das sich selbst Bewegende ist, dann muss doch wohl die Seele unentstanden und unsterblich sein.

Alles, was die Seele ist, sorgt für das gesamte Unbeseelte; es durchzieht den ganzen Himmelsraum, bald in dieser, bald in jener Gestalt. Ist sie nun vollkommen und befiedert, so schwebt sie in der Höhe und durchwaltet die ganze Welt. Hat sie aber die Federn verloren, so schwebt sie umher, bis sie auf etwas Festes stößt, wo sie sesshaft wird und einen erdigen Leib annimmt, der sich selbst zu bewegen scheint, dank der ihr eigenen Kraft, und dieses Ganze, Seele und Leib zusammengefügt, wurde »Lebewesen« genannt und bekam den Beinamen »sterblich«.

*Platon, Phaidros 245c–d, in: Platon, Sämtliche Werke, hg. von Erich Loewenthal, übersetzt von Friedrich Schleiermacher, Franz Susemihl, Ludwig Georgii, Hieronymus Müller u.a., Lambert Schneider Verlag, Heidelberg [8]1982.*

## Hauptsache, es macht Spaß

Sei dir selbst der Nächste, so wird auch dein Nächster er selbst. Tu dir so viel Gutes wie möglich, rate deiner Umwelt ebenso. Übernimm keine Aufgaben, die dir Zwang und Unlust abverlangen. Liebe die, die du wirklich liebst. Hasse die, die du wirklich hasst. ... Wenn Erfolg dir Spaß macht, sei erfolgreich. Wenn dein Erfolg andere verletzt, überlege, ob die Verletzung dir mehr Unlust macht als ein möglicher Erfolg Spaß. ... Macht dir deine Aufgabe keinen Spaß, dann räume den Platz für einen anderen. Denke nie, es wird etwas schlechter gehen, weil du weg bist. Du bist unwichtig. Aber du hast das Recht zur Lust. Dein einziges.

*Andreas Henatsch*

### Epikur: Brief an Menoikeus

*Der auf der Insel Samos geborene Philosoph Epikur ließ sich 306 v.Chr. in Athen nieder, um dort eine philosophische Schule zu begründen. Er kaufte ein Haus und einen Garten. An dessen Eingang ließ er ein Schild anbringen mit der Aufschrift: »Fremder, hier wirst du es gut haben. Hier ist die Lust das höchste Gut.«*
*Seine Schüler verehrten Epikur wegen seiner Weisheit, Großzügigkeit und Anspruchslosigkeit wie einen Gott. Doch für viele Athener bildete der Garten des Epikur einen Skandal. Dass anders als üblich Frauen eingeladen waren, dass die Gäste ihre Sklaven mitbringen durften, all das machte die Feste im Garten des Epikur suspekt. Epikur lehrte eine an der Lust und der fehlenden Angst vor dem Tod orientierte Philosophie.*

Wenn ich nun erkläre, dass die Freude das Ziel des Lebens ist, dann meine ich damit nicht die Lüste der Schlemmer noch die Lüste, die im Genießen selbst liegen, wie gewisse Leute glauben, die meine Lehre nicht verstehen, sie ablehnen oder böswillig auslegen. Ich verstehe unter Freude: keine körperlichen Schmerzen leiden und in der Seele Frieden haben. Denn nicht häufige Trinkgelage und festliches Schmausen, auch nicht der Verkehr mit schönen Knaben und Frauen, noch der Genuss von leckeren Fischen und was sonst eine üppige Tafel bietet, schafft ein freudvolles Leben; Freude schafft vielmehr nüchternes Überlegen, das die Ursachen alles Verlangens und Meidens aufspürt und den leeren Glauben austreibt, aus dem die größte Verirrung der Seelen entspringt.
Anfang und höchstes Gut bei alledem ist die Vernunft. Deshalb ist die Vernunft sogar wertvoller als das Philosophieren. In ihr wurzeln alle übrigen Tugenden. Sie ist es, die lehrt, dass man nicht freudvoll leben kann, ohne vernünftig, anständig und gerecht, zu leben, aber auch nicht vernünftig, anständig und gerecht ohne freudvoll zu leben. Denn von Natur aus sind die Tugenden mit einem freudvollen Leben verbunden, ein freudvolles Leben ist von ihnen nicht zu trennen.
Gewöhne dich an den grundlegenden Gedanken, dass der Tod für uns ein Nichts ist. Denn alles Gute und alles Schlimme beruht darauf, dass wir es empfinden. Verlust aber dieser Empfindung ist der Tod. Deshalb macht die rechte Erkenntnis, dass der Tod für uns ein Nichts ist, die Sterblichkeit des Lebens zu einer Freude; sie fügt nicht nach dem Tode eine grenzenlose Zeit hinzu, sondern tilgt in uns die Sehnsucht nach der Unsterblichkeit. Für den, der recht begriffen hat, dass es im Nichtleben nichts Schreckliches gibt, für den gibt es ja auch im Leben nichts Schreckliches. Daher ist ein Tor, wer da erklärt, er fürchte den Tod nicht, weil er Leid zufügen werde, wenn er da sei, sondern weil er Leid zufüge, da er bevorstehe.
Es ist unsinnig zu glauben, was nicht beunruhige, wenn es da sei, werde Leid zufügen, weil es zu erwarten sei.
So ist also der Tod, das schauervollste Übel, für uns ein Nichts; wenn wir da sind, ist der Tod nicht da, aber wenn der Tod da ist, sind wir nicht mehr. Er geht also weder die Lebenden noch die Gestorbenen an; für die einen ist er ja nicht vorhanden, die andern aber sind für ihn nicht mehr vorhanden.

*Epikur, Brief an Menoikeus, zitiert nach: Epikur, Philosoph der Freude. Briefe, Hauptlehrsätze, Spruchsammlung, Fragmente, übertragen von Paul M. Laskowsky, insel Taschenbuch 1988, S. 54f.58 (zuerst erschienen im Goldmann Verlag, München 1962)*

# 9 Der Mensch: sein eigener Bildhauer oder ein zerbrechliches Schilfrohr?

**Giovanni Pico della Mirandola: Über die Würde des Menschen**

■ *Giovanni Pico della Mirandola (1463–1494) träumte davon, die unterschiedlichen philosophischen und theologischen Strömungen seiner Zeit in Einklang zu bringen. Er las Platon und Aristoteles im Urtext, studierte Hebräisch und befasste sich mit der Kabbala. 1486 lud er nach Rom zu einem philosophischen Kongress ein, zu dem er 900 Thesen verfasste. Damit hoffte er eine versöhnende philosophische Diskussion in Gang zu setzen. Die Schrift »Über die Würde des Menschen« bildete das Eröffnungsreferat. Doch die Kirche beanstandete 13 der Thesen und verurteilte nach Picos Versuch einer Verteidigung alle Thesen als ketzerisch. Pico floh nach Frankreich und kam nach seiner Verhaftung an der Grenze nach Florenz, wo ihn Lorenzo di Medici an die neugegründete »Akademie des Platon« aufnahm.*

Bereits hatte Gottvater, der höchste Baumeister, dieses irdische Haus der Gottheit, das wir jetzt sehen, diesen Tempel des Erhabensten, nach den Gesetzen einer verborgenen Weisheit errichtet ...
Aber als er dieses Werk vollendet hatte, da wünschte der Baumeister, es möge jemand da sein, der die Vernunft eines so hohen Werkes nachdenklich erwäge, seine Schönheit liebe, seine Größe bewundere.
Daher ließ sich Gott den Menschen gefallen als ein Geschöpf, das kein deutlich unterscheidbares Bild besitzt, stellte ihn in die Mitte der Welt und sagte zu ihm:
»Wir haben dir keinen bestimmten Wohnsitz noch ein eigenes Gesicht, noch irgend eine besondere Gabe verliehen, o Adam, damit du jeden beliebigen Wohnsitz, jedes beliebige Gesicht und alle Gaben, die du dir sicher wünschst, auch nach deinem Willen und nach deiner eigenen Meinung haben und besitzen mögest. Den übrigen Wesen ist ihre Natur durch die von uns vorgeschriebenen Gesetze bestimmt und wird dadurch in Schranken gehalten. Du bist durch keinerlei unüberwindliche Schranken gehemmt, sondern du sollst nach deinem eigenen freien Willen, in dessen Hand ich dein Geschick gelegt habe, sogar jene Natur dir selbst vorherbestimmen. Ich habe dich in die Mitte der Welt gesetzt, damit du von dort bequem um dich schaust, was es alles in der Welt gibt.
Wir haben dich weder als einen Himmlischen noch als einen Irdischen, weder als einen Sterblichen noch als einen Unsterblichen geschaffen, damit du als dein eigener, vollkommen frei und ehrenhalber schaltender Bildhauer und Dichter dir selbst die Form bestimmst, in der du zu leben wünschst. Es steht dir frei, in die Unterwelt des Viehs zu entarten. Es steht dir ebenso frei, in die höhere Welt des Göttlichen dich durch den Entschluss deines eigenen Geistes zu erheben.«

*Giovanni Pico della Mirandola, De hominis dignitate, Über die Würde des Menschen, Latein-Deutsch, Philipp Reclam jun. Verlag, Stuttgart 1997, S. 7–9*

HERR, unser Herrscher, wie herrlich ist dein
Name in allen Landen,
der du zeigst deine Hoheit am Himmel!
Aus dem Munde der jungen Kinder und
Säuglinge hast du eine Macht zugerichtet
um deiner Feinde willen,
dass du vertilgest den Feind und den
Rachgierigen.
Wenn ich sehe die Himmel, deiner Finger
Werk,
den Mond und die Sterne, die du bereitet hast:
was ist der Mensch, dass du seiner gedenkst,
und des Menschen Kind, dass du dich seiner
annimmst?
Du hast ihn wenig niedriger gemacht als Gott,
mit Ehre und Herrlichkeit hast du ihn gekrönt.
Du hast ihn zum Herrn gemacht über deiner
Hände Werk,
alles hast du unter seine Füße getan:
Schafe und Rinder allzumal, dazu auch die
wilden Tiere,
die Vögel unter dem Himmel und die Fische
im Meer
und alles, was die Meere durchzieht.
HERR, unser Herrscher,
wie herrlich ist dein Name in allen Landen!

*Psalm 8*

**Blaise Pascal: Gedanken**

*Blaise Pascal (1623–1662) besaß als Sohn eines begüterten Steuereinnehmers das Privileg, keine Schule besuchen zu müssen. Sein Vater brachte ihm die ersten Kenntnisse bei. Pascal galt als Wunderkind: als 12-jähriger zeichnete er die Euklidsche Geometrie, als 16-jähriger schrieb er eine Abhandlung über Kegelstümpfe, später entwickelte er anhand einer Theorie über das Roulette die Wahrscheinlichkeitsrechnung.*
*Doch dann wandte er sich der Philosophie zu und ein mystisches Gotteserlebnis veranlasste ihn, intensiv über den Glauben nachzudenken. In seinem bedeutendsten Werk, den »Pensées sur la religion«, erweist er sich als geistvoller Apologet des Christentums. In den letzten Jahren seines Lebens zog sich Pascal immer mehr zurück, starke Schmerzen beeinträchtigten ihn. Zeitweise lebte er in einem Kloster, er nahm keine Dienstboten mehr in Anspruch, verzichtete auf sein Lieblingsessen, Bilder und Tapeten wurden in seiner Wohnung nicht mehr geduldet.*

Der Mensch ist weder Engel noch Tier und das Unglück will, dass, wer den Engel will, das Tier macht. Die einen sagen: Schaut auf zu Gott, seht, wem ihr gleicht und wer euch schuf, damit ihr ihn anbetet. Und die anderen lehren ihn: Schlagt die Augen nieder zur Erde, kümmerliches Gewürm, das ihr seid, schaut die Tiere, die eure Genossen sind. (119)

Nur ein Schilfrohr, das zerbrechlichste in der Welt, ist der Mensch, aber ein Schilfrohr, das denkt. Nicht ist es nötig, dass sich das All wappne, um ihn zu vernichten; ein Windhauch, ein Wassertropfen reichen hin, um ihn zu töten. Aber wenn das All ihn vernichten würde, so wäre der Mensch doch edler als das, was ihn zerstört, denn er weiß, dass er stirbt, und er kennt die Übermacht des Weltalls über ihn; das Weltall aber weiß nichts davon. (119)

Ich schaue diese grauenvollen Räume des Universums, die mich einschließen, und ich finde mich an eine Ecke dieses weiten Weltenraums gefesselt, ohne dass ich wüsste, weshalb ich nun hier und nicht etwa dort bin, noch weshalb ich die wenige Zeit, die mir zum Leben gegeben ist, jetzt erhielt und an keinem anderen Zeitpunkt der Ewigkeit, die vor mir war und die nach mir sein wird. Ringsum sehe ich nichts als Unendlichkeiten, die mich wie ein Atom, wie einen Schatten umschließen, der nur einen Augenblick dauert ohne Wiederkehr. Alles, was ich weiß, ist, dass ich bald sterben werde, aber was der Tod selbst ist, den zu vermeiden ich nicht wissen werde, das weiß ich am wenigsten.

Wie ich nun nicht weiß, woher ich komme, weiß ich auch nicht, wohin ich gehe; und nur das weiß ich, dass, wenn ich diese Welt verlasse, ich entweder für ewig in das Nichts oder in die Hände eines erzürnten Gottes fallen werde, ohne dass ich wüsste, welche dieser beiden Lagen mein Teil sein soll. Das also ist meine Seinslage, voll von Schwäche und Ungewissheit. (122)

*Blaise Pascal, Gedanken. Eine Auswahl, Philipp Reclam jun. Verlag, Stuttgart 1956, 1978, S. 93.81*

Du machst Finsternis, dass es Nacht wird;
da regen sich alle wilden Tiere,
die jungen Löwen, die da brüllen nach
Raub
und ihre Speise suchen von Gott.
Wenn aber die Sonne aufgeht, heben sie
sich davon
und legen sich in ihre Höhlen.
So geht dann der Mensch aus an seine
Arbeit
und an sein Werk bis an den Abend.

*Psalm 104,20–23*

*Salvador Dalí (1904–1989), Geburt einer Gottheit (1960). Öl auf Holz, Privatbesitz Sammlung Mrs. Henry J. Heinz II., New York. © Demart pro Arte B. V./VG Bild-Kunst, Bonn 1998.*
*Der Spanier Dalí zog 1927 nach Paris und kam dort in den Einflussbereich des Surrealismus. Zusammen mit Luis Buñuel drehte er surreale Filme, die große Skandale auslösten. Die Begegnung mit Sigmund Freud im Jahre 1938 inspirierte ihn zur Ausprägung eines eigenen, neuen Stils mit symbolischen Elementen, die Anlass geben sollten zu freien Assoziationen. Nach 1948 wandte sich Dalí verstärkt religiösen Motiven zu, die er effektvoll verfremdete.*

# 10 Der Mensch: denkendes Wesen oder komplizierte Maschine?

### René Descartes: Meditationen

*René Descartes wurde 1596 in La Haye in der Nähe von Tours geboren. Er besuchte zunächst die damals berühmte Jesuitenschule La Flêche. Danach studierte er in Paris auf Wunsch des Vaters Jura. Aber bald zog es ihn hinaus in die Welt. Er wollte die Schule des Lebens kennenlernen und widmete sich dem Kriegshandwerk. Im Dreißigjährigen Krieg kämpfte er, obwohl Katholik, auf Seiten der Protestanten. Beim Winterquartier in Neuburg an der Donau gelangte er 1619 zu den Ideen, die später seine Methode bestimmten. Seine »Meditationes de prima philosophia« (1641), in denen er die Notwendigkeit des »methodischen Zweifels« beschreibt, gelten als Beginn der philosophischen Neuzeit. 1649 folgte Descartes einer Einladung der schwedischen Königin Christine nach Stockholm, doch er vertrug das winterliche Klima in Schweden nicht und starb ein Jahr später.*

Der Mensch ist ein endliches Wesen. Deshalb besitzt seine Natur nur eine beschränkte Vollkommenheit.

Nicht selten irren wir in dem, wozu uns die Natur motiviert. So verlangt z.B. ein Kranker nach einem Getränk oder einer Speise, die ihm bald darauf schaden. Nun könnte man behaupten, der Kranke irrt, weil seine Natur durch die Krankheit getäuscht wird. Doch dies befreit nicht von dem Problem, ist doch ein kranker Mensch genauso ein Geschöpf Gottes wie ein gesunder.

Eine Uhr, die aus Rädern und Gewichten besteht, folgt genauso allen Naturgesetzen, ob sie nun verkehrt eingestellt ist und die Stunden falsch anzeigt oder ob sie genau dem Wunsch des Meisters entspricht. So kann ich auch den menschlichen Körper als eine Art Maschine ansehen, die aus Knochen, Nerven, Muskeln, Adern, Blut und Haut zusammengepasst ist und auch geistlos all die Bewegungen ausführt, wie sie jetzt unwillkürlich, also ohne den Geist, ablaufen.

Dann sehen wir leicht, dass der menschliche Körper, wenn er beispielsweise an Wassersucht erkrankt ist, natürlich an Austrocknung leidet. Diese vermittelt dem Bewusstsein das Empfinden von Durst und beeinflusst die Nerven sowie die andern Körperteile so, dass der Mensch ein Getränk zu sich nimmt, das die Krankheit nur noch schlimmer macht.

Die Natur irrt tatsächlich, indem sie dem menschlichen Körper die Empfindung von Durst vermittelt, obwohl das Trinken ihm Schaden zufügt. So bleibt hier noch die Frage offen, wie es sich mit der Güte Gottes verträgt, dass die Natur uns in diesem Sinne betrügt.

Ich bemerke nun in erster Linie einen großen Unterschied zwischen Körper und Geist, denn der Körper ist entsprechend seiner Natur stets teilbar, der Geist aber wirklich unteilbar. In der Tat betrachte ich meinen Geist, d.h. mich selbst, lediglich als denkendes Wesen, so kann ich keine Teile in mir unterscheiden, vielmehr erkenne ich, dass ich ein ›einheitliches‹ und vollständiges Wesen bin.

Zwar scheint der ganze Geist mit dem ganzen Körper eins zu sein; verliere ich aber einen Fuß, einen Arm oder einen andern Körperteil, so merke ich doch nicht, dass dem Geist etwas fehlt. Auch die Fähigkeiten des Wollens, Empfindens, Erkennens usw. können nicht als Teile des Geistes aufgefasst werden, denn ein und derselbe Geist will, empfindet, erkennt.

Dagegen kann ich mir kein körperliches oder ausgedehntes Wesen denken, das ich mir nicht mit Leichtigkeit in Teile zerlegt vorstellen kann. Dies allein genügt, mir den fundamentalen Unterschied zwischen Geist und Körper klarzumachen.

Außerdem stelle ich fest, dass der Geist nicht von allen Teilen des Körpers unmittelbar Eindrücke erhält, sondern nur vom Gehirn, vielleicht sogar nur von einem ganz kleinen Teil des Gehirns, nämlich von dem, der Sitz des Gemeinsinns sein soll. Zahlreiche Experimente, die hier nicht aufgeführt zu werden brauchen, bestätigen dies.

*René Descartes, Meditationes de prima philosophia, Meditationen über die erste Philosophie, Lateinisch-Deutsch, Philipp Reclam jun. Verlag, Stuttgart 1996, S. 201–207 (eigene Textfassung)*

### Julien Offray de Lamettrie: Der Mensch eine Maschine

*Julien Offray de Lamettrie (1709–1751) arbeitete zunächst als Arzt in St. Malo, später als Militärarzt im Österreichischen Erbfolgekrieg. Wegen seiner Thesen entlassen kam er nach Leiden, wo er nach Erscheinen seines Hauptwerkes »Der Mensch eine Maschine« ebenfalls fliehen musste. Friedrich der Große berief ihn daraufhin als Mitglied der Akademie nach Berlin. Lamettrie bekannte sich zu einem radikalen Materialismus und beschrieb den Menschen als Maschine. Selbst spätere Materialisten und Sozialisten verspotteten und verschmähten ihn. Was er lehrte, wirkt in der Tat desillusionierend: Der Geist, ein aufgeblasener Wichtigtuer, funktioniert nur, wenn der Körper ihn funktionieren lässt. Was der Mensch will, will nicht er selbst, sondern die Maschine, die ihn am Leben hält.*

Der Mensch ist im Vergleich zu den Affen und den klügsten Tieren, was die Planetenuhr von Huygens im Vergleich zu einer Uhr des Königs Julianus ist. Wenn man mehr Instrumente, mehr Räder und mehr Federn brauchte, um die Bewegung der Planeten als um die Stunden anzuzeigen und zu wiederholen; wenn Vaucanson mehr Kunst anwenden musste, um seinen Flötenspieler, als um seine Ente zu machen, so hätte er noch mehr Kunst anwenden müssen, um einen »Sprecher« herzustellen; eine solche Maschine darf, insbesondere unter den Händen eines solchen neuen Prometheus, nicht mehr als eine Unmöglichkeit angesehen werden.

Ich täusche mich sicher nicht. Der menschliche Körper ist eine Uhr, aber eine erstaunliche und mit soviel Kunst und Geschicklichkeit verfertigte, dass, wenn das Sekundenrad

stillsteht, das Minutenrad seinen Gang immer weiter geht, und ebenso das Viertelstundenrad und alle die andern in ihrer Bewegung fortfahren, wenn die ersteren verrostet oder aus irgendeiner Ursache verdorben sind und ihren Gang unterbrochen haben. Denn es ist doch so, dass die Verstopfung einiger Gefäße nicht ausreicht, den Stützpunkt aller Bewegungen zu zerstören oder zu unterbrechen, der im Herzen als in dem treibenden Teil der Maschine liegt; im Gegenteil, es haben dann die Flüssigkeiten, deren Volumen vermindert ist, einen kürzeren Weg zu machen und durchlaufen ihn deshalb desto schneller; außerdem werden sie in dem Verhältnis, in dem die Kraft des Herzens sich durch den Widerstand am Ende der Gefäße vermehrt, wie durch eine neu hinzutretende Strömung fortgerissen. (...)
Solche Erscheinungen können aufgeklärte Ärzte durchaus nicht überraschen. Sie wissen, woran sie sich in Bezug auf die Natur des Menschen zu halten haben; von zwei Ärzten ist meiner Ansicht nach immer derjenige der bessere und vertrauenswürdigere, der in der Physik oder Mechanik des menschlichen Körpers bewanderter ist und die Seele und alle die Besorgnisse, die dieses Hirngespinst den Narren und Nichtwissern einflößt, beiseite liegen lässt und sich nur um die reinen Naturwissenschaften kümmert.

*J. O. de Lamettrie: Der Mensch eine Maschine (1748). Zitiert nach W. Heisenberg, Das Naturbild der heutigen Physik, Rowohlt Verlag, Reinbek 1955, S. 96f.*

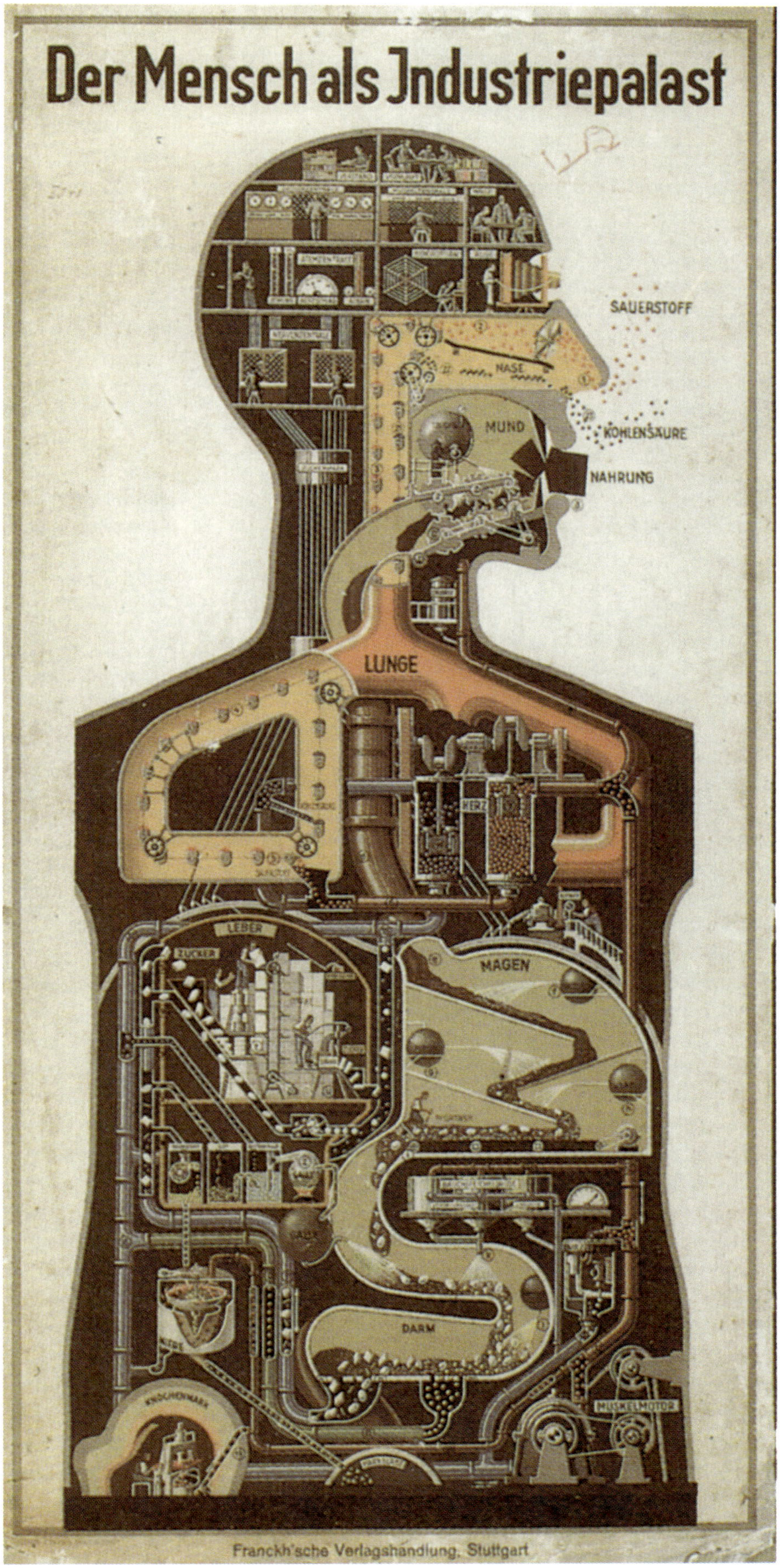


*Der Mensch als Industriepalast. Hergestellt um 1920 als Hängetafel für Schulen.*

# 11 Der Mensch: von Natur aus böse oder von Natur aus gut?

### Thomas Hobbes: Leviathan

*Der englische Philosoph Thomas Hobbes (1588–1679) lebte zur Zeit der englischen Revolution und der Wirren des Dreißigjährigen Krieges. Als 1640 in seiner Heimat ein offener Bürgerkrieg zwischen Royalisten und Anhängern des Parlaments ausbrach, floh Hobbes aus Furcht vor Verfolgung nach Paris. Nach einer Amnestie kehrte er 1651 in seine Heimat zurück. Hobbes lernte zahlreiche Gelehrte seiner Zeit kennen, er arbeitete eine Zeit lang als Sekretär für Francis Bacon, auf seinen Reisen diskutierte er u.a. mit Descartes und Galilei. Das Hauptproblem seiner Zeit, die Herstellung eines dauerhaften Friedens, schien ihm nur möglich zu sein mit der Bändigung der bösen menschlichen Naturtriebe »Selbsterhaltung« und »Machtgier« (»homo homini lupus est«) durch den Staat.*

Zunächst wird angenommen, dass alle Menschen ihr ganzes Leben hindurch bemüht sind, sich eine Art der Macht nach der anderen zu verschaffen; nicht deshalb, weil sie nach immer größerer Macht streben, sondern weil sie fürchten, die Mittel ihrer gegenwärtigen Macht und Glückseligkeit zu verlieren, wenn sie diese nicht noch vermehren.
Der Wunsch nach Reichtum, Ehre, Herrschaft und Macht jeder Art facht den Menschen zum Streit, zur Feindschaft und zum Kriege an; denn dadurch, dass man seinen Mitbewerber tötet, überwindet und auf jede mögliche Art schwächt, bahnt man sich den Weg zur Erreichung seiner eigenen Wünsche ... [aus Kapitel 11]
Hieraus ergibt sich, dass ohne Einschränkung der Macht der Zustand der Menschen so ist, wie er zuvor beschrieben wurde, nämlich ein Krieg aller gegen alle. Denn der Krieg dauert ja nicht nur so lange, als tatsächliche Feindseligkeiten geübt werden, sondern so lange der Vorsatz herrscht, Gewalt mit Gewalt zu vertreiben.
Wer hierüber noch niemals nachgedacht hat, dem muss es auffallen, dass die Natur die Menschen so ungesellig gemacht und sogar einen zu des anderen Mörder bestimmt hat ... [aus Kapitel 13]
Weil nun die Menschen sich im Zustand des Krieges aller gegen alle befinden, so folgt, dass im Naturzustande alle ein Recht auf alles, die Menschen selbst nicht ausgenommen, besitzen. Solange dieses Recht gilt, wird daher niemand, und sollte es der Stärkste auch sein, sich für sicher halten können. Also ist Folgendes eine Vorschrift oder allgemeine Regel der Vernunft: Suche Frieden, solange nur Hoffnung dazu da ist; verschwindet diese, so schaffe dir von allen Seiten Hilfe und nutze sie; dies steht dir frei ... [aus Kapitel 14]
Solange die Menschen nur ihren eigenen Vorteil oder Nachteil zum Maßstabe nehmen, leben sie in einem allgemeinen Krieg. Der Friede wird von allen als etwas Gutes und Wünschenswertes betrachtet, und folglich muss alles, was zum Frieden führt, auch als etwas Gutes angesehen werden ... [aus Kapitel 15]
Um aber eine allgemeine Macht zu gründen, unter deren Schutz gegen auswärtige und innere Feinde die Menschen ihren Unterhalt finden können, gibt es nur einen einzigen Weg: Jeder muss alle seine Macht und Kraft einem oder mehreren Menschen übertragen, wodurch der Wille aller gleichsam in einem Punkt vereinigt wird, so dass dieser eine Mensch oder diese eine Gesellschaft der Stellvertreter jedes Einzelnen wird, und jeder ihre Handlungen so betrachtet, als habe er sie selbst getan, weil er sich ihrem Willen und Urteile freiwillig unterworfen hat ... [aus Kapitel 17]

*Thomas Hobbes, Leviathan (1651), in: Walter Schätzel, Der Staat, Deutsche Buchgemeinschaft, Berlin, Darmstadt, Wien 1963, S. 143–152*

### Jean-Jacques Rousseau: Abhandlung über die Ungleichheit unter den Menschen; Der Gesellschaftsvertrag

*Jean-Jacques Rousseau (1712–1778) stammte aus ärmlichen Verhältnissen und arbeitete zunächst als Kupferstecher. Als junger Mann fand er eine reiche Gönnerin, die ihm Gelegenheit zu privaten Studien gab. Über Nacht wurde er berühmt, als er die von der Akademie Dijon gestellte Preisfrage, »ob die Wiederherstellung der Wissenschaften und Künste zur Läuterung der Sitten diene«, mit einer Abhandlung beantwortete, die den ersten Preis gewann. Die menschliche Geschichte, so behauptet Rousseau, sei eine Geschichte des moralischen Verfalls. Als Gesellschaftsphilosoph greift Rousseau diese Behauptung auf: Da der von ihm gepriesene Naturzustand nicht wiederherzustellen sei, sollte sich ein Gemeinwesen gründen, in dem die Menschen über den Abschluss eines Gesellschaftsvertrages zu einem gemeinsamen Willen gelangen. Umstritten war Rousseau nicht zuletzt auch deshalb, weil er in seinem Entwicklungsroman »Emile« eine liebevoll-behutsame Erziehung preist, selbst aber seine fünf Kinder bald nach deren Geburt in ein Kinderheim abschob.*

Das erste Gefühl des Menschen war das seiner Existenz, seine erste Sorge die seiner Erhaltung. Der Hunger und andere Begierden brachten ihn dazu, auf die verschiedensten Weisen zu versuchen, wie man existieren könnte.
In dem Maße, wie das menschliche Geschlecht sich ausdehnte, vermehrten sich auch seine Sorgen. Je mehr sich der Geist des Menschen aufhellte, umso mehr verbesserte sich seine Handfertigkeit. Es ist wahrscheinlich, dass die Stärksten die ersten waren, die sich Behausungen bauten; man kann annehmen, dass es die Schwächeren am besten und sichersten fanden, dies ihnen nachzuahmen.
Nun verändert alles das Aussehen. Die Menschen, die bisher durch die Wälder irrten, nähern sich nun einander, nachdem sie sich eine feste Bleibe geschaffen haben. Sie vereinigen sich zu Horden und bilden schließlich Völker. Daraus entstehen die ersten bürgerlichen Verflechtungen selbst unter den Wilden. Solange die Menschen sich mit ihren eigenen Hütten begnügten, selbst ihre Kleider aus Fell nähten, sich mit Federn und Muscheln schmückten, mit Hilfe von Steinen Fischerboote und primitive Musikinstrumente zurechtbastel-

*Jean Baptiste Greuze (1725–1805), Der Gelähmte oder Die Früchte einer guten Erziehung (1763), Eremitage, St. Petersburg.*

*Andy Warhol (1928–1987), Big Electric Chair (1961). © 1999 Andy Warhol Foundation for the Visual Arts/ARS, New York.*

ten, mit einem Wort nur Werke vollbrachten, welche ein Einzelner machen konnte, lebten sie frei, gesund, gut und glücklich. Aber von dem Augenblick an, wo ein Mensch die Hilfe eines anderen nötig hatte, verschwand die Gleichheit, entstand das Eigentum, wurde Arbeit notwendig, und die weiten Wälder verwandelten sich in lachende Felder, die man mit dem Schweiß der Menschen bewässern musste und in denen man bald die Sklavenarbeit keimen sah.

Aus der Bebauung des Bodens folgte mit Notwendigkeit seine Teilung, und, nachdem das Eigentum einmal anerkannt war, die Entstehung der ersten Rechtssätze. Nachdem die Dinge einmal soweit gediehen waren, kann man sich leicht den Rest vorstellen. Es begann je nach dem Charakter Herrschaft und Sklaventum, Gewalt und Raub. Kaum hatten die Reichen Geschmack am Herrschen gewonnen, da verachteten sie die andern und dachten an nichts anderes, als sich ihre Nachbarn zu unterwerfen, wie ausgehungerte Wölfe, wenn sie einmal Menschenfleisch gekostet haben, jede andere Nahrung verachten und nur noch Menschen fressen wollen. So ist es gekommen, dass die Gewaltanmaßung der Reichen die Menschen habgierig, ehrgeizig und boshaft gemacht hat ...

Man muss eine Form der Vergesellschaftung finden, die mit gemeinsamer Kraft aller Person und Güter jedes Genossen verteidigt und beschützt, und durch die jeder, indem er sich mit allen zusammenschließt, doch nur seinem eigenen Willen untertan wird und so frei bleibt, wie er vorher war. Das ist das Grundproblem, für das der Gesellschaftsvertrag die Lösung gibt. Wenn man aus dem Gesellschaftsvertrag alles Unwesentliche ausscheidet, so wird man finden, dass er auf folgende Formel zurückzuführen ist: Jeder von uns stellt seine Person und seine ganze Kraft unter die oberste Leitung des Gemeinwillens [volonté generale] und nimmt ferner jedes Mitglied als einen unteilbaren Bestandteil des Ganzen auf. [aus Kapitel 6]

*Jean-Jacques Rousseau, Abhandlung über die Ungleichheit unter den Menschen (1754) und contrat social (1756), in: Walter Schätzel, Der Staat, Deutsche Buchgemeinschaft, Berlin, Darmstadt, Wien 1963, S. 217–219.212f.*

# 12 Der Mensch: absolut frei oder Produkt seiner Umwelt?

## Jean-Paul Sartre: Das Sein und das Nichts

*Jean-Paul Sartre wurde 1905 in Cherbourg geboren. Nach dem frühen Tod des Vaters wuchs er im Haus der Großeltern auf. Nach dem Erscheinen des Romans »Der Ekel« (1938), der den Ausgangspunkt seiner existentialistischen Philosophie bildet, schrieb Sartre 1943 sein philosophisches Hauptwerk »Das Sein und das Nichts«, in dem das Problem der Freiheit und des Zwangs zur Wahl thematisiert wird.*

Die wesentliche Konsequenz unserer vorangehenden Ausführung ist, dass der Mensch, dazu verurteilt, frei zu sein, das Gewicht der gesamten Welt auf seinen Schultern trägt: Er ist für die Welt und für sich selbst als Seinsweise verantwortlich. Wir nehmen das Wort »Verantwortlichkeit« in seinem banalen Sinn von »Bewusstsein davon, der unbestreitbare Urheber eines Ereignisses oder eines Gegenstands zu sein«, denn die schlimmsten Übel oder die schlimmsten Gefahren, die meine Person zu treffen drohen, haben nur durch meinen Entwurf einen Sinn; und sie erscheinen auf dem Grund des Engagements, das ich bin. Es ist also unsinnig, sich beklagen zu wollen, weil ja nichts Fremdes darüber entschieden hat, was wir fühlen, was wir erleben oder was wir sind. Diese absolute Verantwortlichkeit ist übrigens keine Hinnahme: Sie ist das bloße logische Übernehmen der Konsequenzen unserer Freiheit. Was mir zustößt, stößt mir durch mich zu, und ich könnte weder darüber bekümmert sein noch mich dagegen auflehnen, noch mich damit abfinden. Übrigens, alles, was mir zustößt, ist meins: Darunter ist zuallererst zu verstehen, dass ich als Mensch immer auf der Höhe dessen bin, was mir zustößt, denn was einem Menschen durch andere Menschen und durch ihn selbst zustößt, kann nur menschlich sein.

So gibt es keine Zwischenfälle in einem Leben; ein gesellschaftliches Ereignis, das plötzlich ausbricht und mich mitreißt, kommt nicht von außen; wenn ich in einem Krieg eingezogen werde, ist dieser Krieg mein Krieg, er ist nach meinem Bild, und ich verdiene ihn. Ich verdiene ihn zunächst, weil ich mich ihm immer durch Selbstmord oder Fahnenflucht entziehen könnte: Diese letzten Möglichkeiten müssen uns immer gegenwärtig sein, wenn es darum geht, eine Situation zu betrachten. Da ich mich ihm nicht entzogen habe, habe ich ihn gewählt; das kann aus Schlappheit, aus Feigheit gegenüber der öffentlichen Meinung sein, weil ich bestimmte Werte sogar der Weigerung, in den Krieg zu ziehen, vorziehe (die Achtung meiner Nächsten, die Ehre meiner Familie usw.). Jedenfalls handelt es sich um eine Wahl.

*Jean-Paul Sartre, Das Sein und das Nichts. Versuch einer phänomenologischen Ontologie, hg. von Traugott König, Rowohlt Verlag, Reinbek, Neuausgabe 1993.*

**Der Adler**

Ein Mann ging in einen Wald, um nach einem Vogel zu suchen. Er fing einen jungen Adler, brachte ihn heim und steckte ihn in den Hühnerhof zu den Hennen, Enten und Truthühnern. Und er gab ihm Hühnerfutter zu fressen, obwohl er ein Adler war, der König der Lüfte.

Nach fünf Jahren erhielt der Mann den Besuch eines naturkundigen Mannes. Als dieser den Adler sah, sagte er: »Dieser Vogel dort ist kein Huhn, er ist ein Adler.« »Ja«, sagte der Mann, »aber ich habe ihn zu einem Huhn erzogen. Er ist kein Adler mehr, sondern ein Huhn, auch wenn seine Flügel drei Meter breit sind.«

»Nein«, sagte der andere. »Er ist immer noch ein Adler, denn er hat das Herz eines Adlers. Und das wird ihn hinauffliegen lassen in die Lüfte.«

Darauf beschlossen sie, eine Probe zu machen. Der naturkundige Mann nahm den Adler, hob ihn in die Höhe und sagte beschwörend: »Der du ein Adler bist, der du dem Himmel gehörst und nicht dieser Erde: Breite deine Schwingen aus und fliege!«

Der Adler saß auf der hochgereckten Faust und blickte sich um. Hinter sich sah er die Hühner nach ihren Körnern picken, und er sprang zu ihnen hinunter.

Der Mann sagte: »Ich habe dir gesagt, es ist ein Huhn!«

»Nein«, sagte der andere, »er ist ein Adler. Versuchen wir es morgen noch einmal.«

Doch auch am nächsten Tag gelang es ihm nicht, den Adler zum Fliegen zu bewegen. Da sagte der Mann wieder: »Ich habe dir gesagt, es ist ein Huhn.«

»Nein«, sagte der andere, »er ist ein Adler und hat das Herz eines Adlers. Lass es uns noch ein einziges Mal versuchen.«

Am nächsten Morgen erhob er sich früh, nahm den Adler, brachte ihn hinaus aus der Stadt, weit weg von den Häusern, an den Fuß eines hohen Berges. Die Sonne stieg gerade auf, sie vergoldete den Gipfel des Berges, jede Zinne erstrahlte in der Freude eines wundervollen Morgens.

Er hob den Adler hoch und sagte zu ihm: »Adler, du bist ein Adler. Breite deine Schwingen aus und fliege!« Der Adler blickte umher, zitterte, als erfülle ihn neues Leben – aber er flog nicht. Da ließ ihn der naturkundige Mann direkt in die Sonne schauen. Und plötzlich breitete er seine gewaltigen Flügel aus, erhob sich mit dem Schrei eines Adlers, flog höher und höher und kehrte nie wieder zurück.

*Fabel aus Ghana*

*August Macke (1887–1914), Frau mit Sonnenschirm vor Hutladen (1914). Museum Folkwang, Essen.*

## Burrhus F. Skinner: Jenseits von Würde und Freiheit

*Zusammen mit John B. Watson entwickelte der Amerikaner Burrhus F. Skinner (1904–1990) die psychologische Richtung des Behaviorismus, der die Möglichkeiten der Verhaltensänderungen von Menschen durch psychologische Verfahren erforscht. Ausgangspunkt bildet die Überlegung, dass nicht der Einzelne, sondern die Gesellschaft Verantwortung für das Verhalten der Menschen trägt.*

Es liegt in der Natur der experimentellen Analyse menschlichen Verhaltens, dass diese die bislang dem ›autonomen Menschen‹ zugeschriebenen Funktionen eine nach der anderen der kontrollierenden Umwelt überträgt. Eine solche Analyse bewirkt, dass dem ›autonomen Menschen‹ immer weniger zu tun bleibt. Aber wie sieht es nun mit dem Menschen selbst aus? Gibt es am Menschen nichts, was mehr ist als nur ein lebender Körper? Wenn nicht etwas namens ›Ich‹ überlebt, wie können wir dann von Selbsterkenntnis oder Selbstkontrolle sprechen? An wen richtet sich das Gebot ›Erkenne dich selbst‹?

Ein ›Ich‹ besteht aus einem Verhaltensrepertoire, das einem gegebenen Komplex von Kontingenzen (= Zufälligkeiten) entspricht. Die Bedingungen, denen eine Person ausgesetzt ist, können hier teilweise eine beherrschende Rolle spielen; unter anders gearteten Bedingungen erklärt der Betreffende vielleicht: ›Ich bin außer mir‹, oder: ›Was du da sagst, was ich getan hätte, hätte ich unmöglich tun können, weil es mir nicht gleichsieht.‹ Die Identität, die einem Ich zugeschrieben wird, ergibt sich aus den Kontingenzen, die für das Verhalten verantwortlich sind. Zwei oder mehr Repertoires, die von verschiedenen Komplexen von Kontingenzen hervorgebracht werden, bilden zwei oder mehrere Ichs. Jemand kann ein Repertoire besitzen, das seinem Leben mit Freunden, und ein anderes, das seinem Leben mit der Familie entspricht; ein Freund kann in ihm ein völlig anders geartetes Ich entdecken, wenn er ihn zusammen mit seiner Familie erlebt, und dasselbe kann der Familie zustoßen, wenn sie ihn zusammen mit Freunden erlebt. Das Problem der Identität entsteht, wenn sich Situationen vermischen, wenn zum Beispiel eine Person zugleich mit der Familie und mit Freunden zusammen ist ...
Die Vorstellung, die sich aus einer wissenschaftlichen Analyse ergibt, ist nicht die eines Körpers mit einer Person darin, sondern die eines Körpers, der eine Person ist in dem Sinne, dass er ein komplexes Verhaltensrepertoire entfaltet.

Der ›autonome Mensch‹ ist ein Mittel, dessen wir uns bei der Erklärung jener Dinge bedienen, die wir nicht anders erklären können. Er ist ein Produkt unserer Unwissenheit, und während unser Wissen wächst, löst sich die Substanz, aus der er gemacht ist, immer mehr in Nichts auf.

Der experimentellen Analyse zufolge verlagert sich die Determination des Verhaltens vom ›autonomen Menschen‹ auf die Umwelt, die sowohl für die Evolution der Spezies als auch für das Repertoire, das jedes ihrer Mitglieder erworben hat, verantwortlich ist. Er wird in der Tat von seiner Umwelt kontrolliert, doch dürfen wir nicht vergessen, dass dies eine Umwelt ist, die er großenteils selbst geschaffen hat. Die Evolution einer Kultur ist eine gewaltige Einübung in Selbstkontrolle. Viele behaupten, die wissenschaftliche Sicht des Menschen führe zu verletzter Eitelkeit, zu einem Gefühl der Regungslosigkeit und zu einer Sehnsucht nach Vergangenem. Aber keine Theorie ändert das, worüber eine Theorie handelt; der Mensch bleibt, was er immer gewesen ist. Dagegen kann eine neue Theorie die Möglichkeit verändern, auf den Gegenstand einzuwirken.

*Burrhus Frederic Skinner, Jenseits von Würde und Freiheit, Rowohlt Verlag, Reinbek 1973, S. 203–206. Zitiert nach: Dölle-Oelmüller/Oelmüller, Grundkurs Philosophie, Fink Verlag, München 1996, S. 141–143*

## Michael Foucault: Gegen den Humanismus

*Michael Foucault gilt als wichtiger Vertreter des französischen Strukturalismus. Diese Forschungsrichtung versucht, unter Vernachlässigung der historischen Dimension eines Forschungsgegenstandes das Beziehungsgeflecht der Einzelelemente, die Struktur, herauszuarbeiten.*

*Weshalb haben Sie aufgehört, an den ›Sinn‹ zu glauben?*
M.F. [...] Der »Sinn« ist vermutlich nichts als eine Art Oberflächenwirkung, eine Spiegelung, ein Schaum. Was uns im tiefsten durchdringt, was uns in der Zeit und im Raum hält, ist eben das System.

*Wer produziert dieses System?*
M.F. Das »Ich« ist zerstört (denken Sie nur an die moderne Literatur), nun geht es um die Entdeckung des »es gibt«. Es gibt ein »man«. In gewisser Weise kehren wir damit zum Standpunkt des 17. Jahrhunderts zurück, mit folgendem Unterschied: nicht den Menschen an die Stelle Gottes zu setzen, sondern ein anonymes Denken, Erkenntnis ohne Subjekt, Theoretisches ohne Identität.

*Sartre hat uns die Freiheit gelehrt. Sie lehren uns, dass es keine wirkliche Freiheit des Denkens gibt?*
M.F. Man denkt innerhalb eines anonymen und zwingenden Gedankensystems, nämlich einer Epoche und einer Sprache. Der Humanismus gibt vor, Probleme zu lösen, die er sich nicht stellen darf.

*Welche Probleme?*
Nun, die Beziehungen des Menschen zur Welt, das Problem der Realität, das Problem des künstlerischen Schaffens, des Glücks und all die Zwangsvorstellungen, die es in keiner Weise verdienen, theoretische Probleme zu sein. [...] Unser System beschäftigt sich damit überhaupt nicht. Im Augenblick ist es unsere Aufgabe, uns endgültig vom Humanismus zu befreien.

*Günther Schiwy, Der französische Strukturalismus, Reinbek 1969, S. 204–207*

# 13 Der Mensch: kalkulierender Egoist oder verständnisvoller Gesprächspartner?

### Adam Smith: Theorie der ethischen Gefühle

*»Wie von unsichtbarer Hand geführt« gehen harmonisch eigene Interessen und das Gemeinwohl ineinander. Dieser Leitgedanke aus dem Werk »The Wealth of Nations« machte Adam Smith berühmt: Seine Ansicht, dass es letztlich der Allgemeinheit zugute kommt, wenn der einzelne Unternehmer frei von staatlicher Regulierung wirtschaftliche Interessen verfolgt, gilt als der Beginn der liberalen Wirtschaftslehre und bildet bis heute die Grundlage für wichtige Bestandteile moderner Ökonomie.*
*Der 1723 in Kirkcaldy in Schottland geborene Philosoph entwickelte neben seinen wirtschaftspolitischen Überlegungen auch eine »Theorie der ethischen Gefühle«, die stark von David Hume geprägt wurde. Darin vertritt er eine Lehre der menschlichen Verhaltensweisen, deren Grundlage die sozialen Beziehungen (Sympathie, Imitation) bilden – gemäß dem Leitsatz: »Handle so, dass ein unparteiischer Beobachter mit dir sympathisieren kann.«*

Zweifellos – jedermann ist von der Natur in erster Linie und hauptsächlich seiner eigenen Fürsorge anvertraut worden. Daher liegt jedermann weit mehr an demjenigen, was ihn selbst unmittelbar betrifft, als an dem, was einen anderen angeht; es wird in geringerem Grade unsere Anteilnahme erwecken, wenn wir etwa vom Tode eines Menschen hören, zu dem wir nicht in besonderer Beziehung gestanden sind, und es wird uns diese Nachricht weit weniger verdrießen oder unsere Ruhe stören als irgendein ganz unbedeutender Unfall, der uns selbst zugestoßen ist.
Jeder fühlt, dass die anderen seinen Hang, sich selbst den Vorzug zu geben, niemals werden nachfühlen können, und dass er ihnen – so natürlich er auch für ihn selbst sein mag, doch immer als maßlos und übertrieben erscheinen muss. Sobald er sich in jenem Licht betrachtet, in welchem ihn, wie er wohl weiß, die anderen betrachten werden, dann sieht er, dass er für diese nur einer aus der Menge ist, in keiner Hinsicht besser als irgendein anderes Individuum dieser Masse. Wollte er so handeln, dass der unparteiische Zuschauer den Maximen seines Verhaltens zustimmen könnte, dann müsste er bei dieser wie bei allen anderen Gelegenheiten die Anmaßungen seiner Selbstliebe dämpfen und diese auf jenen Grad herabstimmen, den andere Menschen noch nachzuempfinden vermögen. Die anderen aber werden ihm seine Selbstliebe so weit nachsehen, dass sie ihm gestatten werden, um sein eigenes Glück in höherem Maße besorgt zu sein und dasselbe mit mehr Ernst und Beharrlichkeit anzustreben als dasjenige irgendeiner anderen Person.
In dem Wettlauf nach Reichtum, Ehre und Avancement, da mag er rennen, so schnell er kann und jeden Nerv und jeden Muskel anspannen, um all seine Mitbewerber zu überholen. Sollte er aber einen von ihnen niederrennen oder zu Boden werfen, dann wäre es mit der Nachsicht der Zuschauer ganz und gar zu Ende. Das wäre eine Verletzung der ehrlichen Spielregeln, die sie nicht zulassen könnten. Der andere ist für sie in jeder Hinsicht so gut wie dieser; sie stimmen jener Selbstliebe nicht zu, in der er sich selbst so hoch über den anderen stellt, und sie können die Motive nicht nachfühlen, die ihn bewogen, den anderen zu Schaden zu bringen.
Alle Mitglieder der menschlichen Gesellschaft bedürfen des gegenseitigen Beistandes und andererseits ist auch jedes von ihnen den Beleidigungen des anderen ausgesetzt. Wo jener notwendige Beistand aus wechselseitiger Liebe, aus Dankbarkeit, aus Achtung von einem Mitglied dem anderen gewährt wird, da blüht die Gesellschaft und ist sie glücklich.
Mag auch der notwendige Beistand nicht aus solchen edlen und selbstlosen Beweggründen gewährt werden, so wird die Gesellschaft zwar weniger glücklich und harmonisch sein, wird sich aber deshalb doch nicht auflösen müssen. Die Gesellschaft kann zwischen einer Anzahl von Menschen – wie eine Gesellschaft unter mehreren Kaufleuten – auch aus einem Gefühl ihrer Nützlichkeit heraus, ohne gegenseitige Liebe und Zuneigung bestehen bleiben; und mag auch kein Mensch in dieser Gesellschaft einem anderen verpflichtet oder in Dankbarkeit verbunden sein, so kann die Gesellschaft doch noch durch eine Art kaufmännischen Austausches guter Dienste, die gleichsam nach einer vereinbarten Wertbestimmung geschätzt werden, aufrechterhalten werden.
Indessen kann eine Gesellschaft zwischen solchen Menschen nicht bestehen, die bereit sind, einander wechselseitig zu verletzen und zu beleidigen.

*Adam Smith, Theorie der ethischen Gefühle, hg. und übersetzt von Walther Eckstein, F. Meiner Verlag, Hamburg, Nachdruck 1994*

### Martin Buber: Urdistanz und Beziehung

*Martin Buber wurde 1878 in Wien geboren. Er wurde 1923 Professor für jüdische Religion und Ethik in Frankfurt. 1938 siedelte er nach Jerusalem über, wo er an der Hebräischen Universität Philosophie lehrte. Diese ist geprägt von der Lehre der Ich-Du-Beziehung und vom »Dialogischen Prinzip«.*

In einem Insektenstaat schließt das System der Arbeitsteilung nicht bloß jede Variation, sondern auch jede im genauen Sinn individuelle Zuerkennung einer Funktion aus; in der menschlichen Gesellschaft, auf allen ihren Stufen, bestätigen die Personen, in irgendeinem Maße, einander praktisch in ihrer persönlichen Beschaffenheit und Befähigung, und man darf eine Gesellschaft in dem Maße eine menschliche nennen, als ihre Mitglieder einander bestätigen. Außer der Technik des Geräts und der Waffe ist es dies gewesen, was das »von Natur« so schlecht ausgerüstete Lebewesen sich hat behaupten und die

*Fernand Léger (1881–1955), Die Rast (1948/49). Paris, Musée National d'Art Moderne. © VG Bild-Kunst, Bonn 1998.*

Erdenherrschaft erlangen lassen: die durch das Faktum der gegenseitigen individuellen Funktions-Ergänzung und das ihm gemäße der gegenseitigen individuellen Funktions-Anerkennung ermöglichte dynamische, anpassungsfähige, pluralistische Form des Zusammenschlusses.

Das Fundament des Menschseins ist dies Zwiefache und Eine: der Wunsch jedes Menschen, als das, was er ist, ja was er werden kann, von Menschen bestätigt zu werden, und die dem Menschen eingeborene Fähigkeit, seine Mitmenschen eben so zu bestätigen.

Das große Merkmal des menschlichen Miteinanderseins, die Sprache, ist in doppeltem Belang ein Zeugnis für das Prinzip des Menschseins. Menschen äußern sich zu Menschen anders, nicht nach Art und Grad, sondern wesenhaft anders, als Tiere sich zu ihren Gefährten äußern. Das Anrufen hat der Mensch mit vielen Tieren gemein, das Anreden ist ihm wesenhaft eigentümlich, und das Anreden gründet sich auf die Anerkennung der selbständigen Anderheit des Andern, mit dem man auf eben diesem Grunde anredend und Rede stehend Beziehung pflegt.

Das echte Gespräch, und so jede aktuale Erfüllung der Beziehung zwischen Menschen, bedeutet Akzeptation der Anderheit. Wenn zwei Menschen einander ihre grundverschiedenen Meinungen über einen Gegenstand mitteilen, jeder in der Absicht, seinen Partner von der Richtigkeit der eignen Betrachtungsweise zu überzeugen, kommt im Sinn des Menschseins alles darauf an, ob jeder den andern als den meint, der er ist.

Es ist den Menschen not und ist ihnen gewährt, in echten Begegnungen einander in ihrem individualen Sein zu bestätigen; aber darüber hinaus ist ihnen not und gewährt, die Wahrheit, die die Seele sich erringt, der verbrüderten andern anders aufleuchten und eben so bestätigt werden zu sehn.

*Martin Buber, Urdistanz und Beziehung, Lambert Schneider im Bleicher Verlag, ⁴1978, S. 26–33.*

# C Menschen vor Gott

*Offenbar brauchen Menschen ein Gegenüber, von dem sie sich abgrenzen oder dem sie sich zuordnen können, um sich selbst zu verstehen. Christliche Theologie will den Menschen vom Gegenüber des Wortes Gottes her verstehen, wie es in der Bibel bezeugt ist. Theologische Anthropologie ist deshalb der Versuch, Wesen, Auftrag und Geschichte des Menschen in Auseinandersetzung mit biblischen Texten zu entdecken und auf das persönliche und gesellschaftliche Leben zu beziehen.*
*Die folgenden Texte sollen das Gespräch mit der Bibel eröffnen bzw. klärend fortsetzen.*
*Die Bilder thematisieren grundlegende Symbole der Menschheitsgeschichte und der eigenen Lebensgeschichte: König/Königin, Paar, Garten, Drachenkampf, Haus, Weg und Hand. Sie erlauben, sich an eigene Erfahrungen zu erinnern und sie mit biblischen Aussagen zu verbinden.*

## 14 Jede ist Königin, jeder ist König

**Die besondere Bestimmung des Menschen**

Der Mensch ist zunächst einmal Geschöpf Gottes. Er ist wie alle anderen Dinge und Lebewesen von Gott erschaffen. Er ist weder ein Dämon, noch eine Missgeburt der Natur, noch ein Halbgott. Das heißt dann aber auch, dass er in einer Solidarität mit anderen Geschöpfen Gottes steht. Wie sie ist er ins Leben gerufen. Wie sie ist er bedroht.
Die besondere Bestimmung des Menschen liegt aber in seiner Gottebenbildlichkeit. Gott schafft in der Welt ein Lebewesen, das ihm entspricht, mit dem er verkehrt, das ihn repräsentiert. Imago Dei meint also nicht eine bestimmte Eigenschaft des Menschen wie die Vernunft, seine Willensfreiheit oder seine Sprachbegabung. Gottebenbildlichkeit bezeichnet vielmehr seine Aufgabe und Bestimmung. Sie besteht darin, Gott in seiner Schöpfung zu vertreten, Gott also zu repräsentieren.
Wahrscheinlich hat die Priesterschrift den Gedanken der Ebenbildlichkeit aus der ägyptischen Königsideologie aufgenommen. Der König war dort Repräsentant und Stellvertreter Gottes auf der Erden. Die Gottheit tritt in Erscheinung, wo der König auftritt und entscheidet. Israel hat offensichtlich diese Königsideologie auf den Menschen übertragen und sie damit demokratisiert. Jeder Mensch ist zum Repräsentanten, Stellvertreter und Statthalter Gottes auf Erden geschaffen. Alle Menschen sind Könige.
»Imago Dei« können aber die Menschen nur zusammen mit anderen sein. Die geschlechtliche Differenz und Gemeinschaft gehören schon zum Bild Gottes dazu. Gottebenbildlichkeit kann dann aber nicht allein, sondern nur in menschlicher Gemeinschaft gelebt werden. Der Mensch ist von Anfang an ein soziales Wesen. Er ist auf menschliche Gemeinschaft angelegt und wesentlich hilfsbedürftig. Er ist ein geselliges Wesen und entwickelt seine Persönlichkeit erst in der Gemeinschaft mit anderen. Das vereinzelte Individuum und das einsame Subjekt sind defiziente Weisen des Menschseins, weil sie die Gottebenbildlichkeit verfehlen.
Die Gottebenbildlichkeit bestimmt schließlich auch den Schöpfungsauftrag des Menschen. Nur wenn die Herrschaft des Menschen über die Erde der Weltenherrschaft des Schöpfers entspricht, erfüllt der Mensch seine Gottebenbildlichkeit. Raub, Ausbeutung und Naturzerstörung widersprechen seinem Recht und seiner Würde. Herrschaft ist nur dann legitimiert, wenn sie in Kooperation und in Gemeinschaft mit der Umwelt ausgeübt wird und zu lebensfähigen Symbiosen zwischen menschlicher Gemeinschaft und natürlicher Umwelt führt.
*nach Jürgen Moltmann*

Und Gott sprach: Lasset uns Menschen machen, ein Bild, das uns gleich sei, die da herrschen über die Fische im Meer und über die Vögel unter dem Himmel und über das Vieh und über alle Tiere des Feldes und über alles Gewürm, das auf Erden kriecht.
Und Gott schuf den Menschen zu seinem Bilde, zum Bilde Gottes schuf er ihn; und schuf sie als Mann und Weib.
Und Gott segnete sie und sprach zu ihnen: Seid fruchtbar und mehret euch und füllet die Erde und machet sie euch untertan und herrschet über die Fische im Meer und die Vögel unter dem Himmel und über das Vieh und über alles Getier, das auf Erden kriecht.

*1. Mose 1,26–28*

*Statuengruppe des Prinzen Rahotep und seiner Frau Nofret,*
*bemalter Kalkstein, um 2620 v. Chr. Ägyptisches Museum Kairo.*

# 15 Was betrübst du dich, meine Seele?

**Ingo Baldermann: Die Seele, Zentrum der Emotionalität**

*Ingo Baldermann (geb. 1929), ist emeritierter Professor für ev. Theologie in Siegen.*

Die Bibel erzählt von der Erschaffung des Menschen so, dass dabei etwas vom Geheimnis des Lebens sichtbar wird: Gott macht den Menschen aus Erde vom Acker, und er wird lebendig, als Gott ihm seinen Atem in die Nase bläst; die Erzählung gipfelt in dem Satz: »So ward der Mensch eine lebendige Seele«.

Dies meint nicht, dass der Mensch eine Seele bekommt und nun hat, sondern er ist eine lebendige Seele, und das verbindet ihn mit den Tieren, die ebenso als »lebendige Seele« benannt werden.

Die wird als Gottesgabe, ja als Anteil an Gottes Lebendigkeit beschrieben, eng verbunden mit dem Vorgang des Atmens. Tatsächlich ist, was Leben bedeutet, kaum irgendwo so deutlich erkennbar wie im Vorgang des Atmens: Nichts Lebendiges lebt aus sich selbst; wir sind angewiesen auf die Luft zum Atmen, und so ist alles Lebendige eingebunden in den großen Zusammenhang von ein- und ausatmen, aufnehmen und wieder verströmen.

Wer nur nehmen und festhalten will, kann nicht wirklich leben; zum Leben gehört auch das Hingeben. So jedenfalls weiß es die Seele; sie ist das eigentlich Lebendige in mir. Die enge Verbindung mit dem Vorgang des Atmens macht auch den eigenartigen Doppelsinn des hebräischen Wortes nefesch besser verständlich: nefesch bedeutet nicht nur die Seele, sondern auch die Kehle, den verletzlichen Engpass des Atems. Was mir die Kehle verschließt, nimmt mir das Leben.

Im Atem zeigt sich aber auch die Bedürftigkeit des Lebens: Es ist angewiesen auf die Luft zum Atmen; zum Leben gehört die Erfahrung, dass es an Lebensnotwendigem fehlt, die Erfahrung des Mangels, die Angst zu ersticken, der Hunger nach frischer Luft.

Die Bedürftigkeit der Seele, ihre Sehnsucht, ihr Hunger und Durst machen sie anfällig für die Angst und damit auch für die Verführung: Vieles, was den Durst zu stillen verheißt, macht ihn nur größer.

Auf dem Hintergrund solcher Erfahrungen ist die Eindeutigkeit erstaunlich, mit der die Seele als ursprünglich rein gesehen wird. Sie wird auch nicht in einen Gegensatz zum Leib gesetzt, als ein göttlicher Funke, der im »Kerker des Leibes« gefangen ist. Die Seele ist vielmehr der Kern des leiblichen Lebens, das Prinzip seiner Lebendigkeit, sterblich und verletzlich wie er. Der Verantwortlichkeit des Menschen wird ein anderer Ort zugewiesen: Das Herz des Menschen ist, anders als in unserem Sprachgebrauch, der Sitz seines Willens und seiner Pläne; sein Geist treibt ihn an zu bösen oder guten Taten.

Was also ist die Seele eigentlich? Sie ist das Organ, in dem alle Angst und Bedrängnis erfahren wird, die Sehnsucht nach Befreiung und entsprechend stark auch die erfahrene Befreiung und Erlösung. So konzentrieren sich in der Seele die Emotionen: Sehnsucht und Angst, Bitterkeit und Liebe, Verlangen und Glück. Sie ist nicht nur Empfängerin, sondern verursacht selbst Erregung und Bewegung; die Seele ist das Zentrum meiner Emotionalität. In ihr ist alles versammelt, aktiv und passiv, das meinem Leben Wärme und Farbe gibt. Sie ist eigentlich mein Leben.

*Ingo Baldermann, Ich werde nicht sterben, sondern leben. Psalmen als Gebrauchstexte, Neukirchener Verlag, Neukirchen-Vluyn 1990, S. 68–70*

Wie der Hirsch lechzt nach frischem Wasser
so schreit meine Seele, Gott, zu dir.
Meine Seele dürstet nach Gott,
nach dem lebendigen Gott.
Wann werde ich dahin kommen,
dass ich Gottes Angesicht schaue?
Meine Tränen sind meine Speise Tag und Nacht,
weil man täglich zu mir sagt: Wo ist nun dein Gott?
Daran will ich denken
und ausschütten mein Herz bei mir selbst:
wie ich einherzog in großer Schar,
mit ihnen zu wallen zum Hause Gottes
mit Frohlocken und Danken
in der Schar derer, die da feiern.
Was betrübst du dich, meine Seele,
und bist so unruhig in mir?
Harre auf Gott: Denn ich werde Ihm noch danken
dass er meines Angesichts Hilfe und mein Gott ist.

*Psalm 42,2–6*

*Garten von Vaux-le-Vicomte in der Ebene der Brie östlich von Paris erbaut.*
*Der Garten von Vaux gilt als der perfekteste der klassischen französischen Gärten.*
*Er wurde zwischen 1656 und 1661 von einem Architekten, einem Maler und einem Landschaftsarchitekten entworfen.*

# 16 Macht euch die Erde untertan

**Christian Link:**
**Herrschaft zwischen Freiheit und Verantwortung**

■ *Christian Link ist Professor für evangelische Theologie in Bochum.*

Die Unterwerfung der Erde spiegelt die besondere Stellung des Menschen zur Schöpfung. Sie blickt auf seine spezifischen kulturellen Fähigkeiten, konkret: auf seine Situation als sesshafter Bauer in einem umfriedeten Land.
Aus Gen 1,29 ist zu erschließen, dass hier primär an den Ackerbau gedacht ist, an den Aufbruch des Bodens bei der Feldbestellung, an Aussaat und Züchtung von Nutzpflanzen, an Gartenanlagen und Bewässerungssysteme. Man hat das »Bebauen und Bewahren« von Gen 2,15 mit Recht als Kommentar herangezogen, wird aber den Auftrag auch auf die kulturelle Aus- und Umgestaltung der natürlichen Umwelt ausdehnen dürfen – auf Abbau und Bearbeitung von Bodenschätzen, Entwicklung von Werkzeugen, auf Wirtschaft und Handel. Das Weltverhältnis des Menschen ist danach entscheidend durch Arbeit vermittelt und entspricht gerade darin dem Sinn der Schöpfung.
Erst mit der Herrschaft über die Tiere tritt der Mensch in sein königliches Amt als »Bild Gottes« ein. In Gen 1,26b ist nicht von der Erde die Rede. Hier geht es vielmehr um das fundamentale Problem der Bewahrung der Schöpfung als ganzer. Nicht um seiner selbst, sondern um der Integrität der gemeinsamen Lebenswelt willen wird der Mensch mit der Aufgabe zu herrschen beauftragt.
Über den Sinn der so errichteten Herrschaftsordnung verlautet direkt kein Wort. Es spricht aber viel dafür, ihn aus der vornehmsten Funktion des Königs zu erschließen, nämlich für Recht zu sorgen und bei rivalisierenden Ansprüchen und Interessen als Schiedsrichter aufzutreten. Landtiere und Menschen sind ja in denselben Lebensraum eingewiesen. Bei der Suche nach Nahrung und Wohnraum müssen sie dort konkurrieren. Um einen möglichen Konflikt nicht ausbrechen zu lassen, werden den Tieren vor der Flut die von selbst anwachsenden Pflanzen (»Gras und Kraut«) zur Nahrung bestimmt, den Menschen hingegen die anbaubedürftigen Früchte

(V. 29f). Was nach diesen Regelungen als Konfliktstoff bleibt, soll durch die Herrschaft des Menschen geregelt werden. Mit schrankenloser Verfügungsgewalt hat diese Anordnung nichts zu tun. Das gilt erst recht nach der Flut angesichts des Krieges zwischen Mensch und Natur, wie er in Gen 9,2ff beschrieben wird. Denn nun hat Gott selbst durch wechselseitige Schutzmaßnahmen (Fluchtinstinkt Gen 9,2; Vergeltung Gen 9,5; Ex 21,28) die Distanz zwischen Mensch und Tier befestigt.
Heute treten sehr deutlich die Grenzen des Schöpfungsauftrages in unser Bewusstsein. Die Einsicht in die ökologischen Zusammenhänge der biblischen Texte macht die Erkenntnis unausweichlich, dass Mensch und Tier eine gemeinsame Geschichte und eine gemeinsame Zukunft haben. Was heute als »mitkreatürliche Solidarität« angemahnt wird, hat ein solides biblisches Fundament: Vor dem Tier hat der Mensch keinen Vorzug, »einen Atem haben sie alle« (Pred 3,19). Wie alles Leben, so ist auch seines befristet, »geht auf und welkt wie eine Blume« (Hiob 14,2); das Segenswort, das ihm Fruchtbarkeit und Bestand verheißt, ist auch über die Tiere ausgesprochen (Gen 1,22).
Die Freiheit, die der Herrschaftsauftrag im Blick auf die Gestaltung der Welt eröffnet, findet ihre Grenze an der Verantwortung des Menschen gegenüber der ihm vorgegebenen Schöpfung. Bleibt man im Rahmen der Priesterschrift, so lassen sich drei formale Kriterien nennen, an denen die sachgemäße Wahrnehmung des Schöpfungsauftrages zu messen ist: Ermächtigt sind wir zu jeder Ausweitung unserer Lebenswelt, zu jeder Steigerung unserer kulturellen Ansprüche und Bedürfnisse, die erstens auch anderen und künftigen Menschen die vorgegebene Schöpfungsqualität ihrer Lebenswelt bis hin zur unbelebten Natur nicht zerstört, die zweitens das von Gott geschaffene eigenständige Daseinsrecht alles anderen Lebendigen jetzt und zukünftig wahrt und drittens die Tötung des außermenschlichen Lebens auf den elementaren Lebensbedarf beschränkt.

*Christian Link, Schöpfung, Handbuch Systematischer Theologie 7/2, Gütersloher Verlagshaus, Gütersloh 1991, S. 394–399 (in Auszügen).*

**Karl Marx: Ökonomisch-philosophische Manuskripte**

*Karl Marx (1818–1883), deutscher Philosoph und Ökonom, der mit seinen Schriften maßgeblich die Arbeiterbewegung des 19. Jahrhunderts beeinflusste. Der Kommunismus des 20. Jahrhunderts berief sich auf ihn.*

Ein Wesen gilt sich erst als selbstständiges, sobald es auf eignen Füßen steht, und es steht erst auf eignen Füßen, sobald es sein Dasein sich selbst verdankt. Ein Mensch, der von der Gnade eines andern lebt, betrachtet sich als ein abhängiges Wesen. Ich lebe aber vollständig von der Gnade eines andern, wenn ich ihm nicht nur die Unterhaltung meines Lebens verdanke, sondern wenn er noch außerdem mein Leben geschaffen hat, wenn er der Quell meines Lebens ist, und mein Leben hat notwendig einen solchen Grund außer sich, wenn es nicht meine eigne Schöpfung ist. Die Schöpfung ist daher eine sehr schwer aus dem Volksbewusstsein zu verdrängende Vorstellung. Das Durchsichselbstsein der Natur und des Menschen ist ihm unbegreiflich, weil es allen Handgreiflichkeiten des praktischen Lebens widerspricht. [...] Indem aber für den sozialistischen Menschen die ganze sogenannte Weltgeschichte nichts anderes ist als die Erzeugung des Menschen durch die menschliche Arbeit, als das Werden der Natur für den Menschen, so hat er also den anschaulichen, unwiderstehlichen Beweis von seiner Geburt durch sich selbst, von seinem Entstehungsprozess.

*Karl Marx, Ökonomisch-philosophische Manuskripte (1844); MEW, Ergänzungsband 1; 1974, S. 546*

Und Gott segnete Noah und seine Söhne und sprach: Seid fruchtbar und mehret euch und füllet die Erde.
Furcht und Schrecken vor euch sei über allen Tieren auf Erden und über allen Vögeln unter dem Himmel, über allem, was auf dem Erdboden wimmelt, und über allen Fischen im Meer; in eure Hände seien sie gegeben.
Alles, was sich regt und lebt, das sei eure Speise; wie das grüne Kraut habe ich's euch alles gegeben.
Allein esset das Fleisch nicht mit seinem Blut, in dem sein Leben ist!
Auch will ich euer eigen Blut, das ist das Leben eines jeden unter euch, rächen und will es von allen Tieren fordern und will des Menschen Leben fordern von einem jeden Menschen.
Wer Menschenblut vergießt, dessen Blut soll auch durch Menschen vergossen werden; denn Gott hat den Menschen zu seinem Bilde gemacht.
Seid fruchtbar und mehret euch und reget euch auf Erden, dass euer viel darauf werden.

*1. Mose 9,1–7*

# 17 Und schuf sie als Mann und Frau

**Claus Westermann: Mann und Frau – vor und nach dem Sündenfall**

■ *Claus Westermann (geb. 1909), emeritierter Professor für Altes Testament an der Universität Heidelberg.*

Die Erschaffung der Frau aus einer Rippe (Gen 2,18–25) will die Zusammengehörigkeit von Mann und Frau aus dem Schöpfungsvorgang selbst erklären kann.
Wie der Schöpfer vorher dem Menschen die Tiere zugeführt hat, so führt er jetzt die Frau zu ihm, und der Mann empfängt sie mit einer »jauchzenden Bewillkommnung« (J.G. Herder): Das ist sie wirklich, die Hilfe, die ihm entspricht! »Hilfe« darf dabei in keiner Weise begrenzt werden. Es ist Hilfe im weitesten Sinne des Wortes gemeint, ein gegenseitiges Helfen in allen Bereichen des Lebens.
In dem freudigen Aufruf, mit dem der Mann die Gefährtin begrüßt, kommt die Erzählung von der Erschaffung des Menschen zu ihrem Ziel. Nun erst ist das von Gott geschaffene Wesen wirklich Mensch; der Mensch in Gemeinschaft.
In Vers 24 wird eine ätiologische [d.h. die Lehre von den Ursachen betreffend] Erklärung des Dranges der Geschlechter zueinander, das die Trennung von dem Elternhaus bewirkt, angefügt. Damit wird nicht etwa die Institution der Ehe erklärt; das Wort weist vielmehr auf die elementare Kraft der Liebe von Mann und Frau, die auch im Gegensatz zu den bestehenden Institutionen sich durchsetzen kann.
Die Strafsprüche über die Frau und den Mann beschreiben je einen Tatbestand im Dasein der Frau und des Mannes, der Begrenztheit zeigt.
Bei jedem dieser Sätze ist zu beachten, dass sie nicht eigentlich Normen sind, die etwas für die Zukunft festlegen, sondern Beschreibungen dieser Grenzen im Dasein der Frau und des Mannes, wie sie damals gesehen wurden; sie haben eigentlich einen ätiologischen, nicht normativen Sinn.
Was hier zum Verhältnis von Mann und Frau gesagt ist, ist zunächst ein menschliches Phänomen, das in der verschiedenen Körperbeschaffenheit von Mann und Frau begründet ist. Auch das Herrsein des Mannes bzw. die Unterordnung der Frau unter den Mann ist zugleich ein soziales Phänomen, das als solches wandelbar ist. Man wird hier allerdings mit der Abgrenzung des physiologisch bedingten Konstanten und des sozialgeschichtlich bedingten Variablen äußerst vorsichtig sein müssen. Auch bei voller Bejahung der Gleichberechtigung von Mann und Frau behält dies seine Bedeutung. Wenn vorausgesetzt werden kann, dass die Strafworte über Schlange, Frau und Mann keine Normen setzen wollen, sondern die für den Erzähler gegenwärtige Wirklichkeit erklären wollen, kann auch der Satz, dass der Mann der Herr der Frau sein soll, nicht als für immer gültige Norm angesehen werden. Er beschreibt vielmehr die damalige Wirklichkeit. Deswegen kann der Satz auch heute nicht als ein Argument gegen die Gleichberechtigung von Mann und Frau angeführt werden. Dennoch wäre es voreilig, den Satz als für uns nicht mehr gültig einfach abzutun. Die physiologischen Unterschiede zwischen Mann und Frau werden immer soziale Auswirkungen haben, auch wenn diese wandelbar sind. Die bisherigen Auswirkungen der Gleichberechtigung haben diese gezeigt.

*Claus Westermann, Schöpfung. Themen der Theologie Bd. 12, Kreuz Verlag, Stuttgart 1976, S. 123–126.143–145 (in Auszügen)*

**Nur nicht**

Das Leben
wäre
vielleicht einfacher
wenn ich dich
gar nicht getroffen hätte

Weniger Trauer
jedes Mal
wenn wir uns trennen müssen
weniger Angst
vor der nächsten
und der übernächsten Trennung

Und auch nicht soviel
von dieser machtlosen Sehnsucht
wenn du nicht da bist
die nur das Unmögliche will
und das sofort
im nächsten Augenblick
und die dann
weil es nicht sein kann
betroffen ist
und schwer atmet

Das Leben
wäre vielleicht
einfacher
wenn ich dich
nicht getroffen hätte
es wäre nur nicht
mein Leben

*Erich Fried*

**Joseph Haydn, Die Schöpfung**

23. Rezitativ
URIEL: Und Gott schuf den Menschen nach seinem Ebenbilde, nach dem Ebenbilde Gottes schuf er ihn, als Mann und Weib erschuf er sie. Den Atem des Lebens hauchte er in sein Angesicht, und der Mensch wurde zur lebendigen Seele.

24. Arie
URIEL: Mit Würd' und Hoheit angetan, mit Schönheit, Stärk und Mut begabt gen Himmel aufgerichtet, steht der Mensch, ein Mann und König der Natur. Die breit gewölbt', erhabne Stirn verkünd't der Weisheit tiefen Sinn, und aus dem hellen Blicke strahlt der Geist, des Schöpfers Hauch und Ebenbild. An seinen Busen schmieget sich für ihn, aus ihm geformt, die Gattin, hold und anmutsvoll. In froher Unschuld lächelt sie, des Frühlings reizend Bild, ihm Liebe, Glück und Wonne zu.

31. Rezitativ
ADAM UND EVA: Nun ist die erste Pflicht erfüllt; dem Schöpfer wir gedankt. Nun folge mir, Gefährtin meines Lebens! Ich leite dich, und jeder Schritt weckt neue Freud' in unsrer Brust, zeigt Wunder überall. Erkennen sollst du dann, welch unaussprechlich Glück der Herr uns zugedacht, ihn preisen immerdar, ihm weihen Herz und Sinn. Komm, folge mir, ich leite dich!
O du, für den ich ward, mein Schirm, mein Schild, mein All! Dein Will' ist mir Gesetz. So hat's der Herr bestimmt, und dir gehorchen bringt mir Freude, Glück und Ruhm.

32. Duett
ADAM UND EVA: Holde Gattin, dir zur Seite fließen sanft die Stunden hin. Jeder Augenblick ist Wonne, keine Sorge trübet sie. Teurer Gatte, dir zur Seite schwimmt in Freuden mir das Herz. Dir gewidmet ist mein Leben, deine Liebe sei mein Lohn. Der tauende Morgen, o wie ermuntert er! Die Kühle des Abends, o wie erquicket sie! Wie labend ist der runden Früchte Saft! Wie reizend ist der Blumen süßer Duft! Doch ohne dich, was wäre mir der Morgentau, der Abendhauch, der Früchte Saft, der Blumen Duft. Mit dir erhöht sich jede Freude, mit dir genieß ich doppelt sie, mit dir ist Seligkeit das Leben, dir sei es ganz geweiht!

33. Rezitativ
URIEL: O glücklich Paar, und glücklich immerfort, wenn falscher Wahn euch nicht verführt, noch mehr zu wünschen, als ihr habt, und mehr zu wissen, als ihr sollt.

*Gustav Klimt (1862–1918), Der Kuss. Österreichische Galerie Wien.*
*Gustav Klimt gilt als wichtigster Vertreter des Wiener Jugendstils.*
*Das Bild vereinigt harte geometrische Formen mit weichen,*
*das Erotische betonende Körperdarstellungen. Das Gold weist darauf hin,*
*dass die Liebe – ausgedrückt im Kuss – in den göttlichen Bereich gehört.*
*Auffallend ist, dass das Gewand des Mannes mit rechteckigen,*
*das der Frau mit runden Formelementen versehen ist.*

# 18 Das Böse und die Sünde

## Uwe Steffen: Der Mythos vom Drachenkampf

*Uwe Steffen (geb. 1928), war Dompropst in Ratzeburg.*

Es ist das »Hauptanliegen« der (jahwistischen) Urgeschichte zu schildern, wie das »Böse« vom Menschen Besitz ergreift und ihn zu einem Wesen macht, das von Gott abgefallen und ganz und gar dem Bösen verfallen ist. Woher das Böse kommt, wird nicht gesagt; es liegt als Möglichkeit in der Schöpfung. Die Schlange, der allgemein-menschlichen Symbolsprache entsprechend Personifikation und Symbol des Bösen, wird hier ausdrücklich als eines der Tiere bezeichnet, »die Jahwe der Gott gemacht hatte«.
Sie ist also keine selbstständige, persönliche Macht im Sinne der späteren Teufelsvorstellung.

Anstatt das Böse irgendwo herzuleiten und zu begründen, wird der Prozess beschrieben, durch den der Mensch dazu kommt, Böses zu tun. Die Schlange, die als »listig«, das heißt hier »zwielichtig« und doppelsinnig gekennzeichnet ist, weckt durch ihre scheinbar harmlose Frage (»Sollte Gott gesagt haben ... ?«) im Menschen Zweifel an der Güte Gottes und damit Angst und Misstrauen gegenüber Gott. Der Mensch fühlt sich von Gott tödlich bedroht: »Am Tage, an dem du von ihm (dem Baum der Erkenntnis des Guten und Bösen) isst, musst du sterben!« Indem die Schlange diese Todesdrohung beseitigt: »Sterben, sterben werdet ihr nicht!«, präsentiert sie sich als Heilsbringerin. Aus der Abwehr eines Gefühls tödlicher Bedrohung durch Gott entstehen Auflehnung und Übertretung und letztlich der Wille, sich solchem Gott gegenüber zu behaupten; kurz: zu »sein wie Gott«. Die Wurzel der Sünde liegt also primär nicht in der Auflehnung und dem Willen zur Macht (Titanismus), sondern in der Angst vor dem als bedrohlich empfundenen Gott, die das ursprüngliche Vertrauen zu Gott verdrängt hat.
Jahwes Fluch über die Schlange besagt über die vordergründige ätiologische Deutung hinaus (Bewegungsart der Schlange und ihre Gefährlichkeit für den Menschen) zweierlei: Erstens ist das Wesen, durch welches das Böse über den Menschen kam, letztlich vor Gott ohnmächtig (das Auf-dem-Boden-Kriechen und das Staub-Fressen sind Symbole für das Zu-Boden-geworfen-Sein und für Ohnmacht). Zweitens wird der Kampf des Menschen mit dem Bösen weitergehen, und zwar ohne dass eine der beiden Parteien den Sieg davonträgt. Die Tragödie der Angst des Menschen vor Gott setzt sich in der weiteren Urgeschichte fort, auch wenn nicht mehr von der Schlange die Rede ist.

Die Sünde wächst lawinenartig an (nicht nur quantitativ, sondern auch qualitativ) und reißt den Menschen mit sich fort. Auf den Zerfall der Gemeinschaft mit Gott (religiöse Dimension der Sünde) folgt der Zerfall der Gemeinschaft der Menschen untereinander (soziale Dimension der Sünde). Die erste Folge des Abfalls von Gott ist die Scham und Angst voreinander (Adam und Eva), die zweite, dass ein Bruder den andern aus Neid und Konkurrenzdenken umbringt (Kain und Abel) und des Überlebenden Dasein »jenseits von Eden« unstet und flüchtig wird, das heißt voller Angst und Hast, getrieben und unsicher, heimatlos, bodenlos und wurzellos. Die dritte Folge ist, dass die Menschen in Furcht und Schrecken voreinander leben und in ungehemmter Aggression und gegenseitiger Abschreckung ihr Leben gegeneinander zu behaupten trachten (Lamech).
Die Selbstvergöttlichung des Menschen durch Gewalttat, die sich auf der individuellen Ebene zeigte, zeigt sich auf politischer Ebene im Turmbau zu Babel. Er ist der Versuch, sich des Göttlichen mit Gewalt zu bemächtigen, wenn es sich nicht freiwillig hingibt.

*Uwe Steffen, Drachenkampf. Der Mythos vom Bösen, Kreuz Verlag, Stuttgart 1984, S. 76–81 (in Auszügen)*

## Dorothee Sölle: Formen der Sünde

*Dorothee Sölle, geboren 1929, lehrte ev. Theologie in Mainz und in New York. Ein besonderer Schwerpunkt ihrer Arbeit ist der Zusammenhang von Literatur und Theologie.*

Ich habe 1986 in Nicaragua an einem baptistischen Seminar unterrichtet. Die Studenten, einige von ihnen schon Pfarrer und Pfarrerinnen, hatten keine besonders gute theologische Vorbildung. Aber als ich etwas über die Sünde zu sagen versuchte, haben sie mich – sehr schriftgemäß und sehr einfach – belehrt. Während ich noch über die Selbstliebe, die Macht und die Isolation spekulierte, unterbrach mich eine schwarze Pfarrerin und sagte: »Es ist doch alles ganz klar, Adam und Eva wollten eben mehr haben als andere, und da haben sie diesen Apfel gegessen, und das ist Habsucht. Die Sünde ist die unermessliche Habsucht von Menschen, die etwas besitzen wollen, und aus diesem Besitzenwollen folgt alles andere.« Ich hatte so noch nie darüber nachgedacht. Aber es ist klar, dass die Armen Bibel und Tradition mit anderen Augen lesen als wir. In einer Situation der Ausbeutung und unter dem furchtbaren Druck derer, die alles besitzen und die Verelendung der Massen dafür in Kauf nehmen, liegt es sehr viel näher, auch die Urgeschichte vom Sündenfall nicht einfach als die Geschichte einer Vater-Kind-Beziehung mit Verbot und Übertretung zu lesen, sondern auf Habsucht, Habgier, Raffgier hin. Es ist in der Tat erstaunlich, wie ein und dieselbe biblische Geschichte auf verschiedene Weise gelesen werden kann. Was ist denn eigentlich das Motiv der Handlung? Warum haben Adam und Eva von der verbotenen Frucht gegessen? Ist es wahr, dass es da um Ungehorsam geht, um das sich verselbstständigende Individuum, um einen ödipalen Konflikt, wie die abendländische Tradition gern annimmt? Oder ist es die Sucht, das Leben auf Haben, auf Besitz zu gründen, aus der dann der Zustand der wirtschaftlichen und sozialen Ungerechtigkeit folgt? Wir haben

*Paolo Uccello (Florenz 1397–1475), Der heilige Georg tötet den Drachen (1456). National Gallery, London.*

hier zwei verschiedene Denkansätze vor uns. In der Theologie, die ich gelernt habe, wurde auf den Apfel nie, höchstens im Scherz, reflektiert. Das Denken war streng personal orientiert: Gott und das Menschenpaar, Schöpfer und Geschöpf, Autorität und Freiheit, Verbot und Ungehorsam standen im Mittelpunkt. Die lateinamerikanische Theologie nimmt eine ganz andere Seite aus dem Symbolgeflecht heraus: die Besitzgier als das, was die Menschen von Gott trennt. Bei Reinhold Niebuhr stellt der Stolz des Wissens, der Macht und der Moral die gestörte Beziehung dar, aber dieser »Stolz« hat seine strukturelle Seite, die auf ungerecht verteilter Schulbildung gegründeten Privilegien, die auf Privateigentum gegründete Macht, andere auszubeuten, die auf Überlegenheitsgefühlen gegründete Macht, andere zu diskriminieren. Sünde ist Ungerechtigkeit, und Gott wird innerhalb der biblischen Tradition als Gerechtigkeit verstanden.
Für Frauen ist die Selbstverleugnung, die Aufgabe des Selbst, das Überhaupt-kein-Selbst-haben-Wollen die eigentliche Sünde. Das Streben nach Macht und Unabhängigkeit, der Ausbruch aus dem Paradies, um den Apfel zu essen und dann alle möglichen Türme in Babel zu bauen – das ist nicht das Frauenthema! Frauen erfahren sich selbst ganz anders, nicht in diesen männlichen Kategorien. Ihre Verfehlung und Trennung von Gott geschieht auf anderen Wegen, nämlich in der Form der Selbstverleugnung. Die Sünde der Frauen ist nicht, dass wir zu hoch über uns dächten, dass wir zuviel Selbstvertrauen hätten, dass wir zuviel menschlichen Stolz oder menschliche Hybris entwickelten, sondern umgekehrt, dass wir zu nachgiebig sind, zuviel Selbstverleugnung und Gehorsam leben, indem wir Stolz und Selbstbestimmung gerade aufgeben.
Die spezifisch weiblichen Formen der Sünde können nicht mit Begriffen wie »Stolz« oder »Machtstreben« umschrieben werden. Frauen zerstören ihre Ebenbildlichkeit mit Gott, also dass sie im Bilde Gottes geschaffen sind, sehr oft durch Gehorsam, Selbstverleugnung und Unterwürfigkeit unter die patriarchalen Rollenmodelle.

**Gibt es so etwas wie Erbsünde?**

Als sehr junge Frau war ich zum ersten Mal in Holland und bemerkte, dass einige Leute mit mir als Deutscher nicht reden wollten, weil ihre Angehörigen von den Nazis umgebracht worden waren. Da ist mir sehr deutlich geworden, dass ich zwar nichts dazu »getan« hatte – ich war zu jung –, und trotzdem wusste ich, dass diese anderen ein Recht dazu hatten, sich umzudrehen und mit mir nicht zu sprechen, weil ich durch Sprache, Kultur und Erbe einer Gemeinschaft von Menschen angehöre, die in einem Schuldzusammenhang lebt. Das kann ich mir nicht aussuchen, es ist einfach so. Sünde ist zwar auch meine Entscheidung, mein freier Wille, mein Nein zu Gott, sie ist aber auch Schicksal, in das ich hineingeboren wurde. Ich bin verwickelt durch meine Eltern, meine Lehrerinnen und Lehrer, meine Tradition. Auch die Spätgeborenen können diese Realität nicht abstreifen – und so unzutreffend es ist, von Kollektivschuld zu sprechen, so notwendig ist doch der Sinn für eine kollektive Haftung. Ich bin auch verantwortlich für das Haus, das ich nicht gebaut habe, aber bewohne.
Eben das versucht die merkwürdige Lehre von der »Erbsünde« festzuhalten.

*Dorothee Sölle, Gott denken. Einführung in die Theologie, Kreuz Verlag, Stuttgart 1990, S. 78.84f.90f*

# 19 Wo wir zu Hause sind

### Menschen suchen nach Anerkennung

Menschen haben Leib und Seele, haben Gefühl, Wille und Verstand. Sie stehen den Tieren nahe, sind jedoch nicht mit ihnen gleich. All das ist wahr und bedenkenswert.
Aber diese Merkmale vergessen etwas Wichtiges: Menschen suchen vor allem nach Anerkennung, nach Beurteilung. Sie wollen, dass andere eine möglichst gute Meinung von ihnen haben.
Und dafür tun sie einiges. Dafür strengen sie sich an.
Die einen machen deshalb immer genau das, was andere sagen – oder das, von dem sie meinen, dass es andere gut finden. So wollen sie Anerkennung, »Rechtfertigung« finden. Ein Beispiel dafür ist der ältere Sohn im Gleichnis vom barmherzigen Vater.
Die anderen machen aus ihrem Leben etwas Einzigartiges, das andere nur bewundern können. So wollen sie viel Beifall, eben »Rechtfertigung« finden. Ein Beispiel dafür ist der jüngere Sohn im Gleichnis von den beiden Söhnen.
Selbstverständlich bekommt man auf diesen Wegen Anerkennung. Die einen werden gelobt, weil sie ihre Pflicht erfüllen und wichtige Mitarbeiter sind. Die anderen werden bewundert, weil sie etwas aus sich gemacht haben und etwas Besonderes vorzuweisen haben.
Aber wie sieht es in diesen Menschen aus? Sind sie glücklich? Fühlen sie sich wirklich anerkannt?
In dem Gefühl anerkannt oder sogar bewundert zu werden steckt gar zu oft die zweifelnde Frage: Gilt die Anerkennung eigentlich mir – oder meiner Leistung? Was passiert eigentlich, wenn ich nichts mehr bringe oder gar meine Unternehmungen scheitern? Bin ich selber wirklich geliebt?
Das Schwierige ist, dass man auf diese Frage solange keine Antwort findet, wie man sich Mühe gibt, anerkannt, geliebt zu werden. Im Gegenteil: Je mehr man sich anstrengt, desto bohrender werden solche Fragen.
Eigentlich könnte es jeder und jede wissen: Richtige Anerkennung ist immer »gratis«, also losgelöst von dem, was man tut und bringt. So richtig Anerkennung findet man nur, wenn man als Person geliebt wird.
Ein Beispiel dafür gibt der Vater im Gleichnis von den verlorenen Söhnen. Seine Anerkennung, seine Liebe ist vollkommen unabhängig von dem, was die beiden geleistet haben. Für ihn zählt nur die Person. Der ältere hat erhebliche Schwierigkeiten, dies zu akzeptieren. Anzunehmen ist, dass auch der jüngere damit seine Probleme hat.
Das Gleichnis Jesu vom verlorenen Sohn stellt neben die vielen klugen Definitionen noch eine andere Sichtweise des Menschen: Der Mensch ist auf der Suche nach Anerkennung. Er findet sie jedoch nicht durch eigene Leistung, sondern allein in der bedingungslosen Liebe. Diese zu akzeptieren, ist gar nicht so leicht.
Es ist deshalb nicht so leicht, weil es eine scheinbar ganz selbstverständliche Grundannahme gibt. Diese lautet: Ich bin (noch) nicht geliebt. Deshalb muss ich mich aufmachen, Anerkennung, Liebe zu finden.
Das Gleichnis vom barmherzigen Vater sagt dagegen: Deine Grundvoraussetzung ist, dass du geliebt bist. Du brauchst dich um deine Anerkennung gar nicht zu sorgen. Deine »Beurteilung« steht schon längst fest. Sie ändert sich auch nicht, wenn du der Größte sein willst – und dabei scheiterst, oder wenn du fast zwanghaft deine Pflicht tust. Deine Grundvoraussetzung gilt bedingungslos. Bitte verlass dich darauf!
Dies zu akzeptieren ist gar nicht so einfach, zumal in einer Welt, in der Menschen nach ihrer Leistung beurteilt werden.
Wer sich auf diese andere – theologische – Sichtweise einlässt, gerät bald ins Nachdenken: Was heißt dies für eine Gesellschaft, die Älteren die Arbeit nimmt und Jüngeren überhaupt keine anbietet? Was heißt dies für die Ausgestaltung von Sozialleistungen? Was heißt dies für das Strafrecht und für den Umgang mit Ungeborenen, mit Behinderten und mit Sterbenden?

### Bruce Springsteen: My father's house

*Bruce Springsteen (geb. 1949), amerikanischer Rockmusiker aus Freehold/New Jersey. Seine balladenhaften Songs befassen sich vornehmlich mit Problemen von Jugendlichen, mit zerbrochenen Träumen und sozialen Missständen. Der Song findet sich auf der LP »Nebraska« (1982).*

Last night I dreamed that I was a child
out where the pines grow wild and tall
I was trying to make home through the forest
before the darkness falls

I heard the wind rustling through the trees
and ghostly voices rose from the fields
I ran with my heart pounding down that broken path
with the devil snappin' at my heels

I broke through the trees and there in the night
My father's house stood shining hard and bright
the branches and brambles tore my clothes
and scratched my arms.
But I ran till I fell shaking in his arms

I awoke and I imagined the hard things that pulled us apart
Will never again Sir tear us from each other's hearts
I got dressed to that house I did ride
from out on the road I could see its windows shining in light

I walked up the steps and stood on the porch
a woman I didn't recognize came and spoke to me
trough a chained door
I told her my story and who I'd come for
She said »I'm sorry son but no one by that name lives here anymore«

My father's house shines hard and bright
it stands like a beacon calling me in the night
Calling and calling so cold and alone
Shining cross this dark highway where our sins lie unatoned

*René Magritte (1898–1967), Das Reich der Lichter (1954).*
*Mrs. und Mr. Ahmed Ertegyn Collection.*
*© VG Bild-Kunst, Bonn 1998.*
*Über einer nächtlich beleuchteten Straße wölbt sich ein leicht bewölkter Mittagshimmel. Wie so oft bei Magritte soll die gewohnte Erscheinung der Dinge in eine poetische Ordnung überführt werden, bei der Logik und Kausalität außer Kraft gesetzt werden.*

# 20 Was für ein Mensch

## Eberhard Jüngel: Der Gott entsprechende Mensch

*Eberhard Jüngel (geb. 1934), Professor für evang. Theologie in Berlin/Ost, dann in Tübingen.*

»... das ist eben das Geheimnis des *neuen* Menschen: dass er nicht mehr mit sich selbst beschäftigt ist und Gott sei Dank nicht mehr unentwegt mit sich selbst beschäftigt zu sein braucht. Und das deshalb nicht, weil ein Anderer mit ihm beschäftigt ist. Dass Gott sich mit uns beschäftigt, das allein macht uns neu. Und wer Gott diese Beschäftigung lässt, wer sie ihm gönnt, wer Gott sozusagen die Beschäftigung mit dem Menschen erlaubt, der wird ein neuer Mensch. Der Epheserbrief sagt: der entspricht Gott. Und er denkt dabei zunächst an den einen Menschen Jesus. Denn Gott entsprechen heißt: auf menschliche Weise abbilden, was Gott auf seine Weise ist und tut.

Jesus ist deshalb der neue, der Gott entsprechende Mensch, weil er sich auf menschliche Weise so verhielt, dass man eine Ahnung und mehr als nur eine Ahnung davon bekommen konnte, wer Gott ist. Gerade in seiner ausgesprochenen Liebe zur Geselligkeit entspricht dieser Mensch Gott: dem Gott, der als der Vater mit dem Sohn und dem Heiligen Geist gesellig lebt von Ewigkeit zu Ewigkeit. Und nun also auch gesellig leben, gemeinsam leben will mit uns. Jesus aß und trank sogar mit den merkwürdigsten Typen, so sehr sogar, dass man ihn als Fresser und Weinsäufer beschimpft hat, wie geschrieben steht Matthäus 11,19. Der neue Mensch – das ist der Mensch, der, statt sich mit sich selbst zu beschäftigen, Gemeinschaft sucht und stiftet und gerade darin Ebenbild Gottes ist.«

*Eberhard Jüngel, Der Gott entsprechende Mensch, in: Gott – für den ganzen Menschen, Benziger Verlag, Zürich 1976, S. 43f.*

## Schindlers Liste

*Oskar Schindler (1908–1974) ist ein Liebhaber schöner Frauen und brillanter Geschäftsmann. 1939 übernimmt er in Krakau eine »arisierte« Emailfabrik. Seine Arbeiter sind Juden. Schindler verdient gut und wird ein reicher Mann. Binnen kurzem ist er mit allen wichtigen Nazis in Krakau »befreundet«, denn er macht großzügige Geschenke, arrangiert ausschweifende Feste und besticht, wo es sich lohnt.*

*Bei der Auflösung des Krakauer Gettos im Jahre 1942 wird er Zeuge, wie Juden auf der Straße zusammengetrieben und erschossen werden. Er sagt später dazu: »Seit damals musste jedem denkenden Menschen klar sein, was geschehen sollte. Und ich nahm mir fest vor, das zu verhindern.«*

*Schindler wird in den nächsten Jahren zur Hoffnung vieler, die unter der grausamen Willkür des KZ-Kommandanten Göth leiden. Zwar kann er gegen den organisierten Massenmord nichts tun, doch er schafft es, Personen sogar noch aus Transportzügen und den Todeszellen von Auschwitz herauszuholen.*

Bei seinen alten Saufkumpanen, Bosch und Göth unter anderen, galt Schindler längst als ein Opfer des jüdischen Virus. Und das nicht etwa im übertragenen Sinne. Männer wie diese beiden glaubten fest daran, dass es so etwas gab, und sie sahen in jemand, der davon befallen wurde, ein schuldloses Opfer. Schindler war nicht der einzige brave Mann, der davon befallen wurde. Ihrer Meinung nach handelte es sich um eine Mischung von Bazillen und Hexerei. Gefragt, ob sie das für ansteckend hielten, hätten sie ohne zu zögern gesagt, jawohl, sehr sogar. Und sie hätten auf Oberleutnant Süßmuth als ein weiteres Opfer dieser Ansteckung gedeutet. Denn Schindler und Süßmuth gingen im Winter 1944/45 eine Verschwörung ein mit dem Ziel, weitere Frauen aus Auschwitz herauszuholen, in Gruppen von zwischen 300 und 500, und sie auf kleinere Arbeitslager in Mähren zu verteilen, insgesamt etwa 3000. Schindler übernahm das Überreden und Bestechen, Süßmuth den erforderlichen Schriftwechsel. In den mährischen Textilfabriken fehlte es an Arbeiterinnen, und nicht alle Fabrikdirektoren lehnten es so schroff wie Hoffmann ab, Jüdinnen zu beschäftigen. Mindestens fünf deutsche Fabriken – in Freudenthal, Jägerndorf, Liebau, Grulich und Trautenau – übernahmen weibliche Häftlinge von Auschwitz und richteten zu diesem Zweck eigene Lager ein. Diese Lager waren keineswegs paradiesisch, um so weniger, als die SS dort mehr zu sagen hatte als Leipold bei Schindler. Schindler sagte später, die Frauen hätten da »unter erträglichen Bedingungen« gelebt. Dafür war ausschlaggebend, dass es sich um kleine Lager handelte, von älteren Aufsehern bewacht, die weniger fanatisch waren. Die Frauen mussten sich vor Typhus hüten, sie litten ständig Hunger, doch entgingen sie im Großen und Ganzen den Liquidierungsmaßnahmen, die im Frühjahr für die großen Lager angeordnet wurden.

Betrachtet man Süßmuth als vom jüdischen Virus infiziert, so muss Schindler als jemand erscheinen, bei dem die Infektion bereits das galoppierende Stadium erreicht hatte. Er beantragte die Zuteilung von weiteren dreißig gelernten Metallarbeitern, denn wenn er auch nicht beabsichtigte, seine Produktion zu steigern, so war ihm doch klar, dass er Spezialisten vorweisen können musste, wenn er auch weiterhin die Existenz seines Betriebes rechtfertigen wollte. Betrachtet man noch andere Ereignisse, die sich in jenem Winter zutrugen, wird klar, dass Schindler diese dreißig Leute nicht haben wollte, um sie an Drehbänke und Werkzeugmaschinen zu stellen, sondern einfach, weil es dreißig mehr sein würden, die er retten konnte. Es ist wohl nicht übertrieben zu sagen, dass er ihrer mit einer Inbrunst habhaft zu werden versuchte, die der vergleichbar ist, mit der der Gläubige zu jenem brennenden Herzen Jesu aufblickt, dessen Abbild man in Frau Schindlers Wohnung sehen konnte.

*Thomas Keneally, Schindlers Liste, S. 300f.* 

*Piotr Naliwajko, Ecce Homo«, 1988. © Thomas-Morus-Akademie, Bensberg.*

# 21 Wie frei sind wir?

### Das Gute, das ich will, tue ich nicht

Von außen betrachtet scheint es, als könne der Mensch frei wählen zwischen gutem und bösem Handeln. Er beurteilt einen Sachverhalt danach, ob er für ihn gut oder schädlich ist, und entscheidet sich dann für das »Gute«: Wäre es nicht gut, würde er sich ja nicht dafür entscheiden. Die unausgesprochene Voraussetzung dieser Sichtweise ist die Annahme, dass der Mensch die Kraft habe, »Gutes« und »Schlechtes« zu unterscheiden und sich dann für das Gute zu entscheiden.

Das klingt sehr plausibel und erlaubt, viele Verhaltensweisen von Menschen zu verstehen.

Dennoch gibt es noch eine andere Möglichkeit. Es könnte ja sein, dass die wählende Person sich über das täuscht, was für sie gut ist. Dann wählt sie faktisch – aber unwissend – das Schlechte. Ja noch mehr: die Täuschung über das Gute könnte sogar zwanghaft sein und sich einem inneren Antrieb oder einer inneren Macht verdanken. Dann kommt es immer und immer wieder zur Wahl des Schlechten und dieses wird dabei als das Gute angesehen.

Wir kennen das aus dem Bereich der Sucht, sei es Alkohol-, Drogen-, Spiel-, Fress- oder Arbeitssucht. Suchtkranke wählen ja nicht einfach das Schlechte. Sie wählen vielmehr das, was die Sucht in ihnen verlangt, und halten dies im Augenblick der Wahl für verlockend und gut. Sie sind im Augenblick der Wahl davon überzeugt, dass diese einem guten Leben dient.

Zur Eigentümlichkeit der Sucht gehört, dass man in »nüchternen« Momenten die Einsicht hat, der Gegenstand der Sucht sei falsch, ja sogar zerstörerisch und »böse«. Doch man vermag die Einsicht nicht festzuhalten und begreift den Gegenstand der Wahl im Augenblick des Handelns doch wieder als verlockend und »gut«. Die Folgen sind bekannt: Die Sucht macht den Menschen immer mehr von sich abhängig, bis sie ihn schließlich ganz im Griff hat. Sie zerstört Beziehungen, die Gesundheit, führt in Isolation und bringt schließlich den Tod. Die Befreiung von der Sucht ist dagegen ein langwieriger, schmerzhafter Prozess, der viel Kraft und noch mehr Beistand braucht.

Paulus hat in Röm 7,21–23 genau dieses Phänomen vor Augen: »Ich will das Gute tun, aber es kommt nur Böses dabei heraus. In meinem Bewusstsein stimme ich dem Gesetz Gottes freudig zu. Aber ich sehe, dass mein Tun einem anderen Gesetz folgt. Dieses Gesetz liegt im Streit mit dem Gesetz, dem meine Vernunft zustimmt. Es macht mich zum Gefangenen der Sünde, deren Gesetz mein Handeln bestimmt« (Übersetzung: Gute Nachricht für dich, Deutsche Bibelgesellschaft Stuttgart 1995).

Es ist also nach Paulus nicht so, dass der Mensch das Gute, das Gesetz Gottes auf der einen Seite erkennt, er aber auf der anderen Seite einfach anders entscheidet. Es ist vielmehr so, dass in dem Menschen eine Macht wie die Sucht steckt, die das Gute als schlecht und das Schlechte als gut hinstellt und den Menschen nach dem Schlechten greifen lässt – in der Annahme, es sei für ihn gut. Diese Macht ist die »Sünde«. Sie gaukelt dem Menschen vor, durch die Wahl des scheinbar Guten ein erfülltes Leben gewinnen zu können. Faktisch wird jedoch das Leben zerstört. Wie die Sucht bemächtigt sich die Sünde des Wunsches, »gut« zu leben. Wie diese nimmt die Sünde das eigene Handeln des Menschen in Anspruch. Wie diese zerstört sie aber Beziehungen und führt schließlich zum Tod. Wie bei der Sucht nützt bei der Sünde gutes Zureden wenig. Es geht ja nicht um einen intellektuellen Mangel. Es bedarf vielmehr einer Befreiung, die immer auch eine Art Sterben enthält.

Martin Luther spricht im Blick auf diese Erfahrung von der »Unfreiheit des Willens«. Sie besteht nicht darin, dass der Mensch nicht in der Lage wäre, zwischen Gut und Böse zu unterscheiden. Die Unfreiheit des Willens besteht darin, dass der Mensch aufgrund der betrügerischen Macht der Sünde das objektiv Schlechte als ein Gutes betrachtet und es darum wählt. Der »freie Wille« ist deshalb nichts, was einfach »da« wäre. Er ist vielmehr ein Werk des Heiligen Geistes und verdankt sich der »Erlösung«.

> So ist der menschliche Wille in die Mitte hingestellt wie ein Lasttier; wenn Gott darauf sitzt, will er und geht, wohin Gott will, wie der Psalm sagt: »Ich bin wie ein Lasttier geworden, und ich bin immer bei dir.« Wenn der Satan darauf sitzt, will er und geht, wohin Satan will. Und es liegt nicht in seiner freien Wahl, zu einem von beiden Reitern zu laufen und ihn zu suchen, sondern die Reiter selbst kämpfen darum, ihn festzuhalten und von ihm Besitz zu nehmen.
>
> *Martin Luther, Vom unfreien Willen, 1525*

*Salvo, Stazione, 1992. Galerie der Stadt Stuttgart.*
*Der Bahnhof des zeitgenössischen italienischen Malers Salvo stellt den Betrachter persönlich in Frage: Wie sehen meine Lebenswege aus? Wieviel Veränderung erlauben sie? Was kommt mir entgegen? Was »rauscht« an mir vorbei? Wohin führen meine Wege? Fahre ich selbst oder werde ich gefahren?*

## Katholischer Weltkatechismus: Freiheit und Verantwortung

*Der »Katechismus der katholischen Kirche« will ausgehend vom Zweiten Vatikanischen Konzil und der Tradition der katholischen Kirche eine Synthese der wichtigsten Punkte ihrer Glaubens- und Sittenlehre vorlegen. Er beruft sich auf die Heilige Schrift, die Kirchenväter, die Liturgie und das Lehramt der katholischen Kirche. Er richtet sich vor allem an jene, die über den katholischen Glauben zu lehren haben. Aber auch für »Laien« handelt es sich um eine nützliche Lektüre.*

1731 Die Freiheit ist die in Verstand und Willen verwurzelte Fähigkeit, zu handeln oder nicht zu handeln, dieses oder jenes zu tun und so von sich aus bewusste Handlungen zu setzen. Durch den freien Willen kann jeder über sich selbst bestimmen. Durch seine Freiheit soll der Mensch in Wahrheit und Güte wachsen und reifen. Die Freiheit erreicht dann ihre Vollendung, wenn sie auf Gott, unsere Seligkeit, ausgerichtet ist.

1732 Solange sich die Freiheit nicht endgültig an Gott, ihr höchstes Gut, gebunden hat, liegt in ihr die Möglichkeit, zwischen Gut und Böse zu wählen, also entweder an Vollkommenheit zu wachsen oder zu versagen und zu sündigen. Die Freiheit kennzeichnet die im eigentlichen Sinn menschlichen Handlungen. Sie zieht Lob oder Tadel, Verdienst oder Schuld nach sich.

1733 Je mehr man das Gute tut, desto freier wird man. Wahre Freiheit gibt es nur im Dienst des Guten und der Gerechtigkeit. Die Entscheidung zum Ungehorsam und zum Bösen ist ein Missbrauch der Freiheit und macht zum Sklaven der Sünde.

1734 Aufgrund seiner Freiheit ist der Mensch für seine Taten soweit verantwortlich, als sie willentlich sind. Fortschritt in der Tugend, Erkenntnis des Guten und Askese stärken die Herrschaft des Willens über das Tun.

1735 Die Anrechenbarkeit einer Tat und die Verantwortung für sie können durch Unkenntnis, Unachtsamkeit, Gewalt, Furcht, Gewohnheiten, übermäßige Affekte sowie weitere psychische oder gesellschaftliche Faktoren vermindert, ja sogar aufgehoben sein.

1736 Jede direkt gewollte Tat ist dem Handelnden anzurechnen.

*Katechismus der katholischen Kirche, Oldenbourg Verlag, München 1993, S. 463f.*

Vernimm ein Gleichnis: Der Vater hilft dem Kind, das niedergefallen ist, weil es noch nicht gehen kann, auf, da es sich ja auf jede Weise anstrengt, und zeigt ihm einen vor es hin gelegten Apfel. Das Kind will darauf zulaufen, aber wegen der Schwäche der Glieder würde es bald von Neuem fallen, wenn der Vater ihm nicht die Hand entgegenstreckte, es stützte und seine Schritte lenkte. Daher gelangt es unter Führung des Vaters zum Apfel, weil der Vater ihn jenem willig in die Hand gibt, gleichsam als Belohnung für das Laufen. Aufrichten hätte sich das Kind nicht können, wenn es der Vater nicht aufgehoben hätte, es hätte den Apfel nicht gesehen, wenn der Vater ihn nicht gezeigt hätte, es hätte nicht darauf losgehen können, wenn der Vater nicht ständig seine unsicheren Schritte unterstützt hätte, es hätte den Apfel nicht ergreifen können, wenn der Vater ihn dem Kind nicht in die Hand gegeben hätte.

Was wird das Kind hier für sich in Anspruch nehmen? Und doch hat es etwas getan, es hat aber doch nichts, wessen es sich aus eigenen Kräften rühmen könnte, weil es sich selbst gänzlich dem Vater verdankt.

*Erasmus von Rotterdam, Gespräch oder Unterredung über den freien Willen, 1524*

# 22 Echt frei!

■ *Luther schrieb seine berühmte Schrift »Von der Freiheit eines Christenmenschen« 1520 als Beilage zu dem »Sendbrieflein an Leo X.«. Papst Leo X. hatte im selben Jahr die Bannandrohungsbulle gegen Luther veröffentlicht und ihn aufgefordert, innerhalb von 60 Tagen seine reformatorische Lehre zu widerrufen.*
*Die Schrift »Von der Freiheit eines Christenmenschen« verstand Luther als Zusammenfassung seiner reformatorischen Lehre und als Ertrag seiner persönlichen Entwicklung.*
*Seine Lebenserkenntnis fasst Luther in der Doppelthese des ersten Kapitels zusammen:*
*Ein Christenmensch ist ein freier Herr über alle Dinge und niemandem untertan.*
*Ein Christenmensch ist ein dienstbarer Knecht aller Dinge und jedermann untertan.*
*Es sind vor allem zwei Erkenntnisse, die Luther bei seiner Suche nach einem »wahren Menschsein« gewonnen hatte:*
*Wahres christliches Leben ist nicht an einen irdischen Stand gebunden, denn vor Gott sind »alle Christen wahrhaft geistlichen Standes«.*
*Die »Seligkeit« bedarf keiner Vermittlung durch einen Priester oder eine menschliche Satzung, da die »Seele« unmittelbar zu Gott steht. In Glaubensdingen gilt allein das Wort Gottes, das jeder verstehen und auslegen kann.*
*Von daher bestimmt Luther das Dasein des Menschen einmal als Beziehung zu Gott bzw. Gottes Wort (Seele), zum andern zum irdischen Leben bzw. zur Welt (Leib). Wer oder was der Mensch ist, was seine Freiheit und was seine Unfreiheit ist, entscheidet sich in der Beziehung zu Gott, in der Antwort auf Gottes Wort, die jeder Mensch zu geben hat. Diese Antwort, der Glaube, bleibt jedoch nicht »weltlos«, sie äußert sich in der Beziehung zur Welt, in den »Werken«.*

**Martin Luther: Von der Freiheit eines Christenmenschen (1520)**

Zum ersten. Damit wir gründlich erkennen können, was ein Christenmensch ist und wie es um die Freiheit bestellt ist, die ihm Christus erworben und gegeben hat, von der St. Paulus viel schreibt, will ich diese zwei Thesen aufstellen:
Ein Christenmensch ist ein freier Herr über alle Dinge und niemandem untertan.
Ein Christenmensch ist ein dienstbarer Knecht aller Dinge und jedermann untertan.

Zum zweiten. Um diese beiden widerständigen Reden von der Freiheit und der Dienstbarkeit zu verstehen, sollen wir eingedenk sein, dass jeder Christenmensch von zweierlei Natur ist, geistlicher und leiblicher. Nach der Seele wird er ein geistlicher, neuer, innerlicher Mensch genannt, nach dem Fleisch und Blut wird er ein leiblicher, alter und äußerlicher Mensch genannt. Und um dieses Unterschiedes willen werden von ihm in der Schrift Sätze gesagt, die stracks wider einander sind, wie ich jetzt gesagt habe von der Freiheit und Dienstbarkeit.

Zum dritten. So nehmen wir uns den inwendigen, geistlichen Menschen vor, um zu sehen, was dazu gehört, damit er ein frommer, freier Christenmensch ist und heißt. Es ist ja offenbar, dass kein äußerliches Ding ihn frei oder fromm machen kann, wie es auch immer genannt werden mag; denn seine Frommheit und Freiheit, wiederum seine Bosheit und sein Gefängnis sind weder leiblich noch äußerlich. Was hilft es der Seele, dass der Leib ungefangen, frisch und gesund ist, isst, trinkt, lebt, wie er will? Wiederum, was schadet es der Seele, dass der Leib gefangen, krank und matt ist, hungert, dürstet und leidet alles, wie er es nicht gern will? Von diesen Dingen reicht keines bis an die Seele, um sie zu befreien oder zu fangen, sie fromm oder böse zu machen.

Zum vierten. So hilft es der Seele nichts, wenn der Leib heilige Kleider anlegt, wie es die Priester und Geistlichen tun; auch nicht, wenn er in den Kirchen und an den heiligen Stätten ist; auch nicht, wenn er leiblich betet, fastet, wallfahrtet und alle guten Werke tut, die nur immer durch den Leib und in dem Leibe geschehen können.

Zum fünften. Die Seele hat kein anderes Ding, weder im Himmel noch auf der Erde, worin sie lebt, fromm, frei und Christ ist, als das heilige Evangelium, das Wort Gottes, von Christus gepredigt. So müssen wir nun gewiss sein, dass die Seele alle Dinge entbehren kann, ausgenommen das Wort Gottes, und ohne das Wort Gottes ist ihr mit keinem Ding geholfen. Wenn sie aber das Wort hat, dann bedarf sie auch keines anderen Dinges mehr, sondern sie hat in dem Wort Genüge, Speise, Freude, Frieden, Licht, Kunst, Gerechtigkeit, Wahrheit, Weisheit, Freiheit und alles Gute überschwänglich.

Zum sechsten. Fragst du aber: Was ist denn das Wort, das so große Gnade gibt, und wie soll ich es gebrauchen?, dann lautet die Antwort: Es ist nichts anderes als die von Christus geschehene Predigt, wie sie das Evangelium enthält. Die soll dazu sein und ist dazu getan, dass du deinen Gott zu dir reden hörst, wie all dein Leben und deine Werke nichts vor

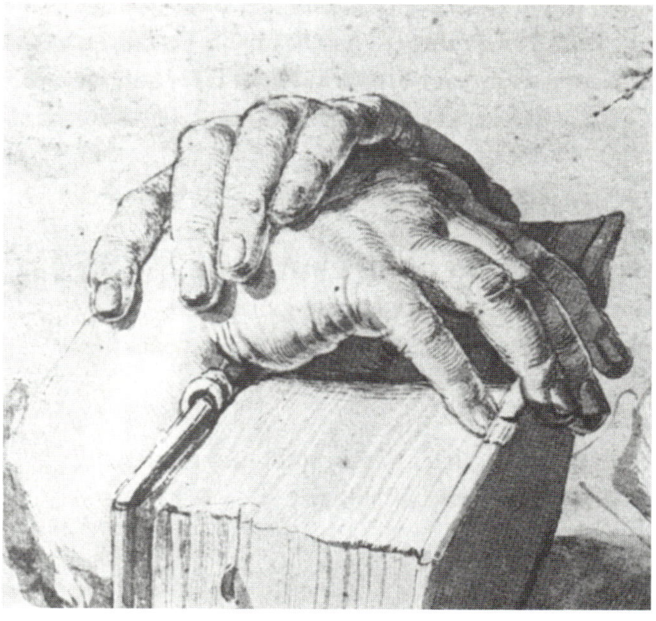

Gott sind, sondern du mit allem, was in dir ist, ewig verderben müsstest. Damit du aber aus dir und von dir, das heißt: aus deinem Verderben, herauskommen möchtest, deshalb setzt er dir seinen lieben Sohn Jesus Christus vor und lässt dir durch sein lebendiges tröstliches Wort sagen: Du sollst dich in ihn mit festem Glauben ergeben und frisch auf ihn vertrauen. Dann sollen dir um dieses Glaubens willen alle deine Sünden vergeben, soll all dein Verderben überwunden sein, und du sollst gerecht, wahrhaftig, befriedet, fromm und alle Gebote sollen erfüllt sein, du sollst von allen Dingen frei sein.

Zum zehnten. Allein das Wort und der Glaube regieren in der Seele. Wie das Wort ist, so wird auch die Seele von ihm, gleich dem Eisen, das glutrot wird wie das Feuer aus der Vereinigung mit dem Feuer. So sehen wir, dass ein Christenmensch an dem Glauben genug hat; er bedarf keines Werkes, damit er fromm sei. Bedarf er denn keines Werkes mehr, so ist er gewiss entbunden von allen Geboten und Gesetzen. Ist er entbunden, so ist er gewiss frei. Das ist die christliche Freiheit, der einzige Glaube, der da macht, nicht dass wir müßig gehen oder übel tun möchten, sondern dass wir keines Werkes zur Frommheit und um Seligkeit zu erlangen bedürfen.

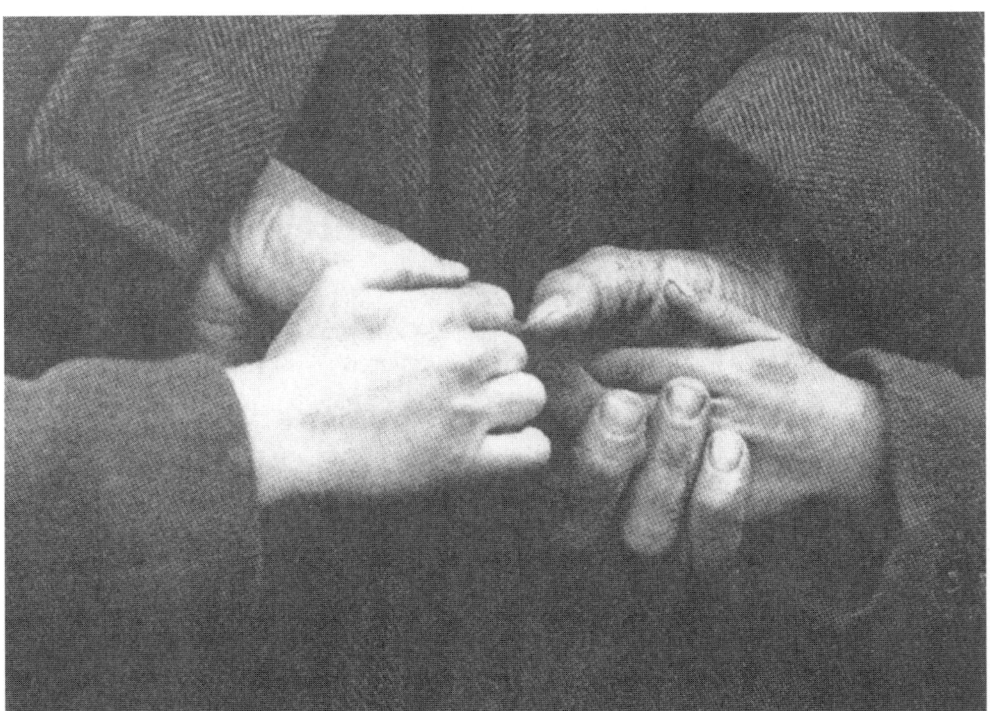

*Dorothea Lange: Hände*

Zum zwölften. Der Glaube gibt nicht nur so viel, dass die Seele dem göttlichen Wort gleich wird, aller Gnade voll, frei und selig, sondern er vereinigt auch die Seele mit Christus als eine Braut mit ihrem Bräutigam. Aus dieser Ehe folgt, wie St. Paulus sagt, dass Christus und die Seele ein Leib werden (Eph 5,30). So werden auch beider Güter, Glück, Unglück und alle Dinge gemeinsam; das, was Christus hat, das ist der gläubigen Seele zu eigen. ...

Zum fünfzehnten. ... Und das geht so zu, dass ein Christenmensch durch den Glauben so hoch über alle Dinge erhoben wird, dass er geistlich ein Herr aller Dinge wird; denn es kann ihm kein Ding zur Seligkeit schaden. Ja, es muss ihm alles untertan sein und zur Seligkeit helfen. ... Nicht dass wir über alle Dinge leiblich mächtig sind, sie zu besitzen oder zu gebrauchen, wie die Menschen auf Erden; denn wir müssen leiblich sterben, und niemand kann dem Tod entfliehen. So müssen wir auch vielen anderen Dingen unterliegen, wie wir an Christus und seinen Heiligen sehen; denn dies ist eine geistliche Herrschaft, die da in der leiblichen Unterdrückung regiert, das heißt: Ich kann mich nach der Seele an allen Dingen bessern, so dass auch der Tod und das Leiden mir zur Seligkeit dienen und nützlich sein müssen. Das ist eine gar hohe, ehrenvolle Würde und eine rechte, allmächtige Herrschaft, ein geistliches Königreich, in dem kein Ding so gut, so böse ist, es muss mir zugut dienen, wenn ich glaube; und doch bedarf ich seiner nicht, sondern mein Glaube ist mir genug. Sieh, welch eine köstliche Freiheit und Gewalt der Christen ist das!

Zum sechzehnten. Darüber hinaus sind wir Priester. Das ist noch viel mehr als König sein, weil das Priestertum uns würdig macht, vor Gott zu treten und für andere zu bitten; denn vor Gottes Augen zu stehen und zu bitten, gebührt niemandem als den Priestern. So hat uns Christus erworben, dass wir geistlich für andere eintreten und bitten können, wie ein Priester leiblich vor das Volk tritt und bittet. Wer aber nicht an Christus glaubt, dem dient kein Ding zugute; er ist ein Knecht aller Dinge, muss sich an allen Dingen ärgern. Dazu ist sein Gebet nicht angenehm, kommt auch nicht vor Gottes Augen. Wer kann nun die Ehre und Höhe eines Christenmenschen ausdenken? Durch sein Königreich ist er aller Dinge mächtig, durch sein Priestertum ist er Gottes mächtig; denn Gott tut, was er bittet und will, wie im Psalter geschrieben steht: »Gott tut den Willen derer, die ihn fürchten, und erhört ihr Gebet« (Ps 145,19). Zu diesen Ehren kommt der Christ ausschließlich durch den Glauben und durch kein Werk. Daraus sieht man klar, wie ein Christenmensch frei ist von allen Dingen und über alle Dinge, so dass er keiner guten Werke dazu bedarf, damit er fromm und selig sei, sondern der Glaube bringt es ihm alles im Überfluss. Wenn er so töricht wäre und meinte, durch ein gutes Werk fromm, frei, selig oder Christ zu werden, so verlöre er den Glauben mit allen Dingen, so wie der Hund, der ein Stück Fleisch im Mund trug und nach dem Schatten im Wasser schnappte, damit beides verlor, Fleisch und Schatten.

Zum neunzehnten. ... Nun kommen wir zum zweiten Teil, zum äußerlichen Menschen. Hier wollen wir allen denen antworten, die sich über die vorige Rede ärgern und zu sprechen pflegen: Ei, wenn denn der Glaube alle Dinge ist und allein gilt, um uns genügend fromm zu machen, warum sind dann die guten Werke geboten? So wollen wir guter Dinge sein und nichts tun. Nein, lieber Mensch, nicht so. Es wäre wohl so, wenn du durch und durch ein innerlicher Mensch und ganz geistlich und innerlich geworden wärst, was aber bis an den Jüngsten Tag nicht geschieht. Es ist und bleibt auf Erden nur ein Anfangen und Zunehmen, das erst in jener Welt vollbracht wird. ...
Darum gehört hierher, was droben gesagt ist: »Ein Christenmensch ist ein dienstbarer Knecht und jedermann untertan«, entsprechend: Wenn er frei ist, braucht er nichts zu tun, wenn er Knecht ist, muss er allerlei tun. Wie das zugeht, wollen wir sehen.

Zum zwanzigsten. Obwohl der Mensch inwendig nach der Seele durch den Glauben genügend gerechtfertigt ist und alles hat, was er haben soll, wobei dieser Glaube und das Genügen bis in jenes Leben immer mehr zunehmen, so bleibt er doch noch in diesem leiblichen Leben auf Erden und muss seinen eigenen Leib regieren und mit Leuten umgehen. Da heben nun die Werke an; hier kann er nicht müßig gehen; da muss fürwahr der Leib mit Fasten, Wachen, Arbeiten und mit aller mäßigen Zucht getrieben und geübt werden, damit er dem innerlichen Menschen und dem Glauben gehorsam und gleichförmig werde, ihn nicht hindere noch ihm widerstrebe, wie seine Art ist, wenn er nicht gezwungen wird. Denn der innerliche Mensch ist mit Gott eins, fröhlich und lustig um Christi willen, der ihm soviel getan hat, und all seine Lust besteht darin, dass er umgekehrt Gott auch umsonst in freier Liebe dienen möchte. Doch in seinem Fleisch findet er einen widerspenstigen Willen, der will der Welt dienen und suchen, was ihn gelüstet. Das kann der Glaube nicht dulden, und er legt sich mit Lust an seinen Hals, um ihn zu dämpfen und ihm zu wehren.

Zum einundzwanzigsten. ... Denn weil die Seele durch den Glauben rein ist und Gott liebt, will sie gern, dass auch alle Dinge rein wären, vor allem ihr eigener Leib, und dass jedermann mit ihr Gott liebt und lobt. So geschieht es, dass der Mensch schon seines eigenen Leibes wegen nicht müßig gehen kann, und er muss viele gute Werke zusätzlich üben, damit er ihn bezwinge. Und doch sind die Werke nicht das rechte Gut, wodurch er fromm und gerecht vor Gott ist; sondern er tue sie aus freier Liebe umsonst, um Gott zu gefallen.

Zum sechsundzwanzigsten. Nun wollen wir noch von den Werken reden, die er gegenüber anderen Menschen tut. Denn der Mensch lebt nicht allein in seinem Leib, sondern auch unter anderen Menschen auf Erden. Darum kann er ihnen gegenüber nicht ohne Werke sein; er muss ja mit ihnen zu reden und zu schaffen haben, wiewohl ihm von diesen Werken zur Frommheit und Seligkeit keines not ist. Darum soll seine Absicht in allen Werken frei und nur dahin gerichtet sein, dass er anderen Leuten damit diene und nützlich sei, nichts anderes sich vor Augen stelle als das, was den anderen nötig ist. Das heißt dann ein wahrhaftiges Christenleben, und da geht der Glaube mit Lust und Liebe ans Werk.

Zum dreißigsten. Aus dem allen ergibt sich die Folgerung, dass ein Christenmensch nicht in sich selbst lebt, sondern in Christus und in seinem Nächsten; in Christus durch den Glauben, im Nächsten durch die Liebe.
Sieh, das ist die rechte, geistliche, christliche Freiheit, die das Herz frei macht von allen Sünden, Gesetzen und Geboten, die alle andere Freiheit übertrifft wie der Himmel die Erde. Das gebe uns Gott recht zu verstehen und zu behalten. Amen.

*Martin Luther, Ausgewählte Schriften, hg. von Karin Bornkamm und Gerhard Ebeling, Band 1, Insel Verlag, Frankfurt am Main 1982, S. 239 ff.*

# 23 Alle Menschen sind frei und gleich

**Vereinte Nationen:**
**Allgemeine Erklärung der Menschenrechte**

*Die allgemeine Erklärung der Menschenrechte, die im Dezember 1948 einstimmig von der Vollversammlung der Vereinten Nationen angenommen wurde, umfasst 30 Artikel. Sie verkündet persönliche, zivile, politische, wirtschaftliche, soziale und kulturelle Rechte der Menschen. Diese dürfen nur eingeschränkt werden, soweit es Freiheit und Rechte anderer, der Schutz der Moral und der öffentlichen Ordnung erfordern. Die Erklärung greift den Gedanken auf, dass jeder Mensch von Natur aus bestimmte Rechte besitzt, die ihm keine politische Herrschaft nehmen kann. Die Grundlage für diese Auffassung bildet die Naturrechtslehre, die im Altertum die Stoa und im Mittelalter die christliche Theologie ausbildeten. Im 19. Jh. wurden derartige Gedanken kritisch beurteilt, weil sie nicht beweisbar sind. Doch ließen die Verbrechen des Zweiten Weltkrieges erneut das Bedürfnis nach einem verbindlichen allgemeinen Maßstab für das Zusammenleben der Menschen entstehen.*

Artikel 1: Alle Menschen werden frei und gleich an Würde und Rechten geboren. Sie sind mit Vernunft und Gewissen begabt und sollen sich zueinander im Geist der Brüderlichkeit verhalten.

Artikel 2: 1. Alle Menschen ohne Unterschied, insbesondere ohne Rücksicht auf Rasse, Farbe, Geschlecht, Sprache, Religion, politische oder sonstige Überzeugung, nationale oder soziale Herkunft, Vermögen, Geburt oder andere Umstände, können alle in dieser Erklärung niedergelegten Rechte und Freiheiten für sich in Anspruch nehmen.
2. Außerdem darf kein Unterschied aufgrund der politischen, staats- oder völkerrechtlichen Stellung des Landes oder Gebietes gemacht werden, zu dem jemand gehört, mag es ein unabhängiges, ein Treuhand- oder ein unselbstständiges Gebiet sein oder unter irgendeiner anderen Beschränkung der Staatshoheit stehen.

Artikel 3: Jeder hat das Recht auf Leben, Freiheit und Sicherheit der Person.

Artikel 4: Niemand darf in Sklaverei oder Abhängigkeit gehalten werden; Sklaverei und Sklavenhandel in jeglicher Form sind verboten.

Artikel 5: Niemand darf der Folter oder grausamer, unmenschlicher oder demütigender Behandlung oder Bestrafung ausgesetzt werden.

Artikel 6: Jeder hat Anspruch darauf, überall als Rechtspersönlichkeit anerkannt zu werden.

Artikel 12: Niemand darf willkürlicher Einmischung in sein Privatleben, seine Familie, sein Heim oder seinen Briefwechsel oder Angriffen auf seine Ehre und seinen Ruf ausgesetzt werden. Jeder hat Anspruch auf den Schutz des Gesetzes gegen solche Einmischung oder Angriffe.

Artikel 13: 1. Jeder hat das Recht auf Freizügigkeit und Aufenthalt innerhalb der Grenzen aller Staaten.
2. Jeder hat das Recht, jedes beliebige Land einschließlich seines eigenen zu verlassen sowie in sein Land zurückzukehren.

Artikel 14: 1. Jeder hat das Recht, in anderen Ländern Zuflucht (Asyl) vor Verfolgung zu suchen und zu finden.

Artikel 16: 1. Volljährige Männer und Frauen haben ohne Rücksicht auf Rasse, Staatsangehörigkeit oder Religion das Recht, eine Ehe einzugehen und eine Familie zu gründen. Sie haben gleiche Rechte in Bezug auf die Eingehung, das Bestehen und die Auflösung der Ehe.
2. Eine Ehe soll nur bei freier und wirksamer Einwilligung der künftigen Ehegatten geschlossen werden.
3. Die Familie ist die natürliche und grundlegende Einheit der Gesellschaft. Sie hat Anspruch auf den Schutz der Gesellschaft und des Staates.

Artikel 17: 1. Jeder hat das Recht, allein und in Gemeinschaft mit anderen Eigentum innezuhaben.
2. Niemand soll willkürlich seines Eigentums beraubt werden.

Artikel 18: Jeder hat das Recht auf Gedanken-, Gewissens- und Religionsfreiheit; dieses Recht enthält die Freiheit, die Religion oder den Glauben zu wechseln, und die Freiheit, die Religion oder den Glauben allein oder in Gemeinschaft mit anderen sowie öffentlich oder privat durch Lehre, Ausübung, Gottesdienst und Erfüllung religiöser Vorschriften zu bekennen.

Artikel 19: Jeder hat das Recht auf Meinungs- und Äußerungsfreiheit, insbesondere das Recht, wegen seiner Überzeugungen nicht beunruhigt zu werden und Nachrichten und Gedanken durch jedes Ausdrucksmittel und unabhängig von Grenzen einzuholen, zu empfangen und zu verbreiten.

Artikel 21: 1. Jeder hat das Recht, an der Regierung seines Landes unmittelbar oder durch frei gewählte Vertreter teilzunehmen.
2. Jeder hat in seinem Land das Recht auf gleichen Zugang zu öffentlichen Ämtern.
3. Der Volkswille soll die Grundlage der Regierungsgewalt bilden; er soll unverfälscht und in regelmäßigen Abständen durch allgemeine und gleiche Wahl und geheime oder eine der geheimen gleichwertige freie Abstimmung ausgedrückt werden.

Artikel 23: 1. Jeder hat das Recht auf Arbeit, freie Wahl seiner Beschäftigung, angemessene und befriedigende Arbeitsbedingungen und Schutz gegen Arbeitslosigkeit.
2. Jeder ohne Unterschied hat das Recht auf gleichen Lohn für gleiche Arbeit.
3. Jeder, der arbeitet, hat Anspruch auf angemessene und befriedigende Bezahlung, die ihm und seiner Familie eine menschenwürdige Existenz sichert und die, sofern erforder-

lich, durch andere soziale Schutzmaßnahmen ergänzt werden soll.

Artikel 24: Jeder hat das Recht auf Ruhe und Freizeit, insbesondere auf angemessene Begrenzung der Arbeitsstunden und regelmäßigen bezahlten Urlaub.

Artikel 26: 1. Jeder hat das Recht auf Ausbildung. Wenigstens in den Elementar- und Grundstufen soll die Ausbildung kostenlos sein. Die Elementarausbildung soll obligatorisch sein. Die technische und fachliche Ausbildung soll allgemein zugänglich sein, und die höheren Studien sollen jedem gemäß seinen Fähigkeiten offenstehen.
2. Die Ausbildung soll darauf gerichtet sein, die menschliche Persönlichkeit voll zu entwickeln und die Achtung für Menschenrechte und Grundfreiheiten zu stärken. Sie soll Verständnis, Duldsamkeit und Freundschaft zwischen allen Nationen und allen rassischen oder religiösen Gruppen entwickeln und die Tätigkeit der Vereinten Nationen für die Erhaltung des Friedens fördern.
3. In erster Linie haben die Eltern das Recht, die Art der Erziehung zu bestimmen, die ihre Kinder genießen sollen.

Artikel 27: 1. Jeder hat das Recht, an dem kulturellen Leben der Gemeinschaft frei teilzunehmen, sich an den Künsten zu erfreuen und an dem wissenschaftlichen Fortschritt und seinen Ergebnissen Anteil zu haben.
2. Jeder hat Anspruch auf Schutz der ideellen und Vermögensinteressen, die sich aus seiner wissenschaftlichen, literarischen oder künstlerischen Urheberschaft ergeben.

Artikel 29: 1. Jeder hat Pflichten gegen die Gemeinschaft, in der allein ihm die freie und volle Entwicklung seiner Persönlichkeit möglich ist.

**Heinz Eduard Tödt:**
**Die theologische Bedeutung der Menschenrechte**

*Heinz Eduard Tödt (1918–1991) war Professor für Systematische Theologie an der Universität Heidelberg, außerdem langjähriger Mitarbeiter der Forschungsstätte der Evangelischen Studiengemeinschaft (FEST) in Heidelberg.*

Nun lässt sich zeigen, dass die Voraussetzungen des Menschenrechtsgedankens und seiner drei Sachmomente Freiheit, Gleichheit und Teilhabe deutliche Analogien im christlichen Glauben finden. In den großen Reformationsschriften Luthers spielen die »Freiheit eines Christenmenschen« und die Gleichheit aller aufgrund von Taufe, Glaube und Geist dynamisch zusammen. Nicht aber so, dass sie der Christ in der Innerlichkeit verbirgt, sondern so, dass das Priestertum aller Gläubigen einen jeden in die Teilhabe am Geschehen der Gemeinde führt. Haben Freiheit, Gleichheit, Teilhabe bei Luther fundamentale Bedeutung, so werden sie freilich von ihm nicht streng rechtlich gefasst und zur Grundlegung der Gemeindeordnung gemacht.

Was entspricht einander in der christlichen und in der menschenrechtlichen Sicht des Menschen? Das Menschenrechtsdenken setzt die Unverfügbarkeit der Person voraus. Der Staat, die Gesellschaft soll gelten lassen, dass der Bürger als Mensch immer noch unverfügbarer »Zweck in sich selbst« bleibt, wie sehr er auch allem Anschein nach durch Einflüsse aus seiner Lebenswelt konditioniert, definiert und determiniert wird. Die reformatorische Rechtfertigungslehre sagt aus, dass Gott den Menschen, der in den Zusammenhang der Sünde eingebunden ist, ohne jede Vorbedingung als Kind Gottes anerkennt und ihn damit lospricht von aller Gebundenheit. Nicht erst infolge einer eigenen Leistung oder aufgrund irgendwelcher menschlicher Verdienste erlangt der Mensch eine Geltung vor Gott, sondern durch das freie Geschenk der Gnade. Dieses erneuert und überbietet jenes protologische – in der Schöpfung gegebene – Geschenk, das mit »Gottesebenbildlichkeit« bezeichnet wird – den Grund der Menschenwürde.

Ist der Mensch im Glauben dadurch Mensch, dass er von diesem Geschenk her lebt, so hat es einen theologisch aussagbaren Grund, dass die Menschenrechtsbewegung immer wieder auf die Menschenwürde als unverfügbare Voraussetzung rekurriert. Sie wird im Menschenrechtsengagement begründungslos geglaubt und erfahren. In dem Wirklichkeitshorizont, dem Theologie zu entsprechen versucht, sehen wir als Grund der Menschenwürde die Zuwendung Gottes zum Menschen. Von daher verstehen wir, dass die unbegründbare Voraussetzung der Menschenrechte trotz ihrer Unbegründbarkeit unverzichtbar ist.

Die Entsprechungen zwischen christlichem Glauben und Menschenrechtsdenken sind zugleich mit Differenzen verbunden. Sie gehen mit der Verschiedenheit der Gemeinschaft der Glaubenden vom politischen Gemeinwesen parallel. Das höchste Kriterium, die Menschenwürde, hat eine steuernde Funktion für die Formulierung und Kodifizierung von Rechten. Menschen- und Grundrechte können aber nur die negative Respektierung, die Unantastbarkeit, der Menschenwürde gewährleisten. Freiheit lässt sich auch als kühle Distanzierung der Menschen voneinander schützen. Gleichheit ist auch als strikt formale Gleichstellung vor dem Gesetz zu sichern. Teilhabe kann Mitmachen nach Regeln auch dann sein, wenn sie als rücksichtsloser Konkurrenz- und Machtkampf sich vollzieht. In der Rechtsgemeinschaft ist nur zu verlangen, dass nach geltendem Recht verfahren wird. Die Glaubensgemeinschaft aber lebt im Recht nur, wenn sie es zugleich in der Perspektive des Glaubens sieht. Hier findet Freiheit ihre Sinnerfüllung erst in der Zuwendung zum Nächsten. »Ein Christenmensch ist ein dienstbarer Knecht aller Dinge und jedermann untertan« (Martin Luther). »Befreite Freiheit« ist in ihrem Wesen kommunikativ. Die Rechtsgemeinschaft kommt der Gleichheitsforderung schon nach, wenn sie Individuen so einander zuordnet, dass sie sich auf der Basis von Rechtsansprüchen begegnen können, um Benachteiligungen abzuwehren. In der Glaubensgemeinschaft aber geht es um geschwisterliche Gleichheit in der Einheit und Gemeinsamkeit des Geistes. Teilhabe hat im Glauben nie die Qualität der Konkurrenz, sondern ist Anlass zu gemeinsamem Dank.

*Heinz Eduard Tödt, Menschenrechte – ihre theologische Bedeutung und das christliche Engagement für sie, in: Der Spielraum des Menschen, Gütersloher Verlagshaus Gerd Mohn, 1979, 102 f.*

Artikel 1.
Jede Person, gleich welchen Geschlechts, welcher ethnischen Herkunft, welchen sozialen Status, welcher politischen Überzeugung, welcher Sprache, welchen Alters, welcher Nationalität oder Religion, hat die Pflicht, alle Menschen menschlich zu behandeln.

Artikel 7.
Jede Person ist unendlich kostbar und muss unbedingt geschützt werden. Schutz verlangen auch die Tiere und die natürliche Umwelt. Alle Menschen haben die Pflicht, Luft, Wasser und Boden um der gegenwärtigen Bewohner und der zukünftigen Generationen willen zu schützen.

*Aus: Allgemeine Erklärung der Menschenpflichten. Den Vereinten Nationen und der Weltöffentlichkeit zur Diskussion vorgelegt vom InterAction Council*

**Thembile ka Pepeteka: I'm the streetchild**

*Thembile ka Pepeteka ist ein Straßenkind in Kapstadt, Südafrika. Auch nach Aufhebung der Apartheid gibt es gravierende soziale Gegensätze, unter denen vor allem Kinder zu leiden haben. Bei der Klage dieses Straßenkindes erhebt sich die Frage, welche Menschenrechte hier vorenthalten werden und welche Pflichten andere gegenüber diesem Jungen haben.*

Ich nasche mit meinen gierigen Augen
Ich entkleide die Leute auf der Straße,
bis sie nackt vor mir stehen
mit meiner schmutzigen Phantasie
denn ich weiß es nicht besser
ich bin dreckig
sie sagen ich sei dreckig
doch warum zum Henker fühlen sie sich belästigt
von meiner dreckigen Art
lass das schmutzige Ding allein
ich bin ein Nichts
eben ein dreckiges Straßenkind
das inmitten von Gewalt
den Frieden herbeisehnt
ich bin der unbekannte Mitmensch
der erscheint ohne bemerkt zu werden
wenn die Leute mich treten
wie eine leere Dose
dann lächle ich
denn
sie bemerken nicht
die Liebe in mir
ich bin ein Engel mit menschlichem Gesicht
ich liebe die Mülltonnen
sie nähren mich
ich liebe die Polizei
sie macht mich immerhin stark im Lebenskampf
ich liebe die Sterne
den Mond
und die Dunkelheit
sie geben auf mich acht in der Nacht
ich liebe diese Dinge wirklich
denn
ich hab nichts zu verlieren
wenn ich sie liebe
trotzdem
ich bin nur ein dreckiges Straßenkind

wenn ich sterbe
legt niemand Blumen
auf meinen Sarg
wenn ich überhaupt einen bekomme
in den amtlichen Verlautbarungen
wird mein Verschwinden nicht erwähnt
im Knast
schreiben sie nicht länger
meinen Namen
denn ich hab
zwanzig verschiedene Namen
die Beschuldigungen sind immer die gleichen
Störung des öffentlichen Friedens
wie kann jemand, der den Frieden ersehnt, den Frieden zerstören?
lass mich in Ruhe
oder
gib mir ein Zuhause
ich will leben.

*aus: Streets, Anthology of poetry about children living on the streets, hg. von Ubuntu publishing, Kapstadt, 2. Aufl. 1995, S. 13–15*

*Martin Honert, Ohne Titel (1993).*
*© VG Bild-Kunst, Bonn 1998.*

# D Der Mensch in den Humanwissenschaften

*Neben der Philosophie und der Theologie sind es vor allem die Humanwissenschaften, die sich mit dem Menschen beschäftigen. Während die ersten beiden Wesen und Auftrag des Menschen klären wollen und dabei weitreichende Entwürfe entwickeln, setzen die Humanwissenschaften bescheidener an. Sie wollen auf der Grundlage empirischer Forschung zunächst herausarbeiten, wie der Mensch verfasst ist und wie dies erklärt werden könnte.*
*Trotz ihres Interesses an »objektivem Wissen« sind jedoch auch die modernen Wissenschaften vom Menschen nicht frei von philosophischen, theologischen oder weltanschaulichen Vorverständnissen. Hinzu kommt, dass sie meist auch ganz praktische Absichten verfolgen und bestimmte Verhaltensweisen empfehlen. Wer sich mit Humanwissenschaften beschäftigt, sollte deshalb nicht bloß nach Fakten fragen, sondern auch nach vorausgesetzten Sichtweisen des Menschen, nach Forschungsinteressen und voraussichtlichen Konsequenzen.*

## 24 Der Mensch in der Biologie

**Jürgen Lethmate: Vom Affen zum Halbgott**

Im Unterschied zu uns legen Hamster, Eichhörnchen und Tannenhäher allerdings ihre Nahrungsvorräte einsichtsfrei an, auf der Grundlage eines »fest verdrahteten«, also instinktiven Verhaltensprogramms. Eine auf Zukunftsvoraussicht basierende Bevorratung könnten wir allenfalls von Menschenaffen erwarten. Sie tun das aber ebenso wenig wie andere Tierprimaten. Gewiss: Planvolles, zukunftsorientiertes Handeln bekunden sie auch, wenn sie zum Beispiel Termitenangeln herstellen, ohne dass ein Termitenhügel in Sicht ist, und das Werkzeug über eine Wegstrecke von zwanzig Minuten zum Gebrauchsort transportieren, oder wenn sie »von zu Hause« Steinhämmer mitnehmen, weil diese im Nussrevier fehlen. Der Anstoß zu solchen Aktivitäten ist aber immer ein aktuelles Hungergefühl, Appetit auf Termiten oder Nüsse. Kein gesättigter Schimpanse begibt sich auf Nahrungssuche, um für künftigen Hunger vorzusorgen.

Wir aber kaufen unter dem Antrieb nicht eines aktuellen, sondern eines vorgestellten künftigen Hungers ein, wir planen ständig für zukünftige Ereignisse, von denen wir annehmen, dass sie eintreten werden. Unser Motivsystem ist vom Diktat aktueller Antriebe befreit, unsere Verhaltensbereitschaften sind Tendenzen, denen wir folgen können, aber nicht müssen. Wir sind in der Lage, beliebige Zeitpunkte aus Vergangenheit und Zukunft in die Gegenwart hereinzuholen: Vergegenwärtigung der Zeit ist der phylogenetische Neuerwerb der Hominiden.

Notwendig wurde diese Verhaltensorganisation wahrscheinlich im Kontext einer neuen Strategie beim Nahrungserwerb: dem Erbeuten von Großtieren. Homo habilis wäre der erste Kandidat für Zukunftsvergegenwärtigung. Sie erforderte neue kognitive Verarbeitungskategorien, nämlich Syntax und Permanenz:

- Syntaktische Konstruktionen verleihen sprachlichen Inhalten Eindeutigkeit, sie gewährleisten die Mitteilungsfunktion der Sprache: Sachverhalte können kommuniziert werden, worauf der Mensch angewiesen ist, um sich mit künftigen Bedürfnislagen auseinanderzusetzen.
- Permanenz verleiht den Objekten der Erfahrung auch in vorgestellter Zeit Bestand.

Ein solches Zeitverständnis führt zu Ungewissheit und Unsicherheit, die nur zu einem sehr kleinen Teil bewältigt werden. Der größere Teil der ängstlichen Gefühle wird zum Ausgangspunkt spezifisch menschlicher Ängste vor allen möglichen Gefahren, vor der Ungewissheit, der Einsamkeit, dem Tod.

Da Angst das Individuum stark hemmt und damit auch die Fortpflanzungschancen erheblich reduziert, ist davon auszugehen, dass die natürliche Selektion ausgleichende Effekte in Form einer entsprechend steigerungsfähigen Erregungstoleranz begünstigt hat. Das wiederum führte dazu, dass der Mensch als einzige Spezies bis in das hohe Alter seinen Explorationsdrang behält.

Eine weitere Folge ist das spezifisch menschliche Bedürfnis nach Sicherheit, das sich zum Beispiel in dem Streben nach Eigentum ausdrückt, in religiösen Vorstellungen und dem Sinn für Gerechtigkeit – Taten bleiben als unsere oder anderer Schuld bestehen, Vergeltung und Rache treten auf den Plan, ebenso wie Wiedergutmachung und selbstlose gegenseitige Unterstützung.

*Jürgen Lethmate, Vom Affen zum Halbgott, in: Funkkolleg Der Mensch, STE 2, Studienbrief 1, Tübingen 1992, S. 33*

*Jörg Immendorff, Selbstbildnis mit Affe, 1986.*
*Sammlung Würth, Künzelsau.*
*Jörg Immendorff gehört mit Baselitz, Lüppertz und Penk der ersten Generation von jüngeren deutschen Malern an, die ab den sechziger Jahren eine erzählende, gegenständliche Malerei entwickelte. Manche Bilder eröffnen den Blick in ein skurriles Welttheaterstück.*

## Christian Vogel: Die Beziehung von Mann und Frau

*Christian Vogel (geb. 1933) studierte Zoologie, Botanik und Geologie. Er ist seit 1972 Direktor des Instituts für Anthropologie an der Universität Göttingen. Seit 1967 führte er ausgedehnte anthropologische Studien in Indien durch. Er beschäftigte sich dabei vor allem mit der Evolution des Menschen und der Primaten. Volker Sommer (geb. 1954) studierte Biologie, Chemie und Theologie. Er ist Schüler Christian Vogels.*
*Beide vertreten die Ansicht, dass das Sozialverhalten von Männern und Frauen in evolutionsbiologischen Prozessen wurzelt. Die beiden Geschlechter unterscheiden sich nicht nur physisch, sondern auch psychisch. Dies sei eine Folge davon, dass Organismen dazu geschaffen sind, sich zu vermehren. Kurz: Die »Natur« bestimmt maßgeblich die »Kultur«. Auch gibt es keine natürlichen Familiensysteme, sondern diese passen sich den wirtschaftlichen und sozialen Bedingungen der Menschen flexibel an.*

Alle Gesellschaften haben für die Beziehungen zwischen Fortpflanzungspartnern sanktionierte Regeln entwickelt: Als kulturelles Medium der Reproduktion fungiert die Ehe, die jedoch sowohl historisch als auch ethnisch gesehen überaus verschiedene Formen haben kann. Bevor wir uns unter evolutionsbiologischem Blickwinkel dieser Vielfalt zuwenden, sei deshalb die Frage erörtert, ob es eine »natürliche« Familienstruktur gibt.

Da die Sexualbiologie von Halbaffen, Affen und Menschenaffen manchen verblüffenden Rückschluss auch auf die Menschen erlaubt, sind hier vor allem die in den letzten drei Jahrzehnten zusammengetragenen Ergebnisse der Freilandforschung an unseren stammesgeschichtlich nächsten Verwandten, den Primaten relevant. Folgende prinzipiellen Fortpflanzungssysteme sind aus dem Freiland beschrieben worden:

- Ein-Männchen-viel-Weibchen-Gruppen: Polygynie oder Vielweiberei, beispielsweise bei den Mantelpavianen, den indischen Languren oder Gorillas
- Ein-Männchen-ein-Weibchen-Gruppen: Monogamie oder Einehe, etwa bei den Springtamarinen, Springaffen oder Gibbons
- Viel-Männchen-viel-Weibchen-Gruppen: Polygynandrie, zuweilen auch Promiskuität (von lat. miscere = mischen) genannt; eine nach Alter und Rang abgestufte sexuelle Freizügigkeit findet sich unter anderem bei den Makaken, Steppenpavianen oder Schimpansen
- Viel-Männchen-ein-Weibchen-Gruppen: Polyandrie oder Vielmännerei, vermutlich bei manchen Krallenaffen.

Da Männchen durch Paarung mit möglichst vielen Weibchen ihren Reproduktionserfolg steigern können, überrascht es nicht, dass sich bestenfalls 12 Prozent der etwa 190 lebenden Primatenspezies in Einehe fortpflanzen. Denn Monogamie ist nur dort zu erwarten, wo Männchen – aus welchen Gründen auch immer – ihre Polygynie-Tendenz nicht durchsetzen können.
Welch dramatische Konsequenzen diese »Kann-Bestimmung« für das männliche Geschlecht hat, erkannte bereits Charles Darwin. Da es dem weniger erfolgreichen Bewerber nicht gelingt, ein weibliches Wesen zu gewinnen und er infolgedessen weniger oder keine Nachkommen erzeugt, werden die Männchen in eine gnadenlose Rüstungsspirale hineingetrieben. In seinem Werk »Die Abstammung des Menschen und die geschlechtliche Zuchtwahl« aus dem Jahre 1871 wies Darwin auf das Resultat dieser Zuchtwahl unter Geschlechtsgenossen hin: »Die männlichen Individuen zeichnen sich gegenüber den weiblichen durch ihre bedeutendere Größe, Stärke und Kampfeslust aus, ihre Angriffs- oder Verteidigungsmittel gegen Nebenbuhler.«
Für Darwin gab es keinen Zweifel, dass nicht nur der »wilde Eber mit seinen großen Hauern« und der »Elefant mit seinen ungeheueren Stoßzähnen« sich mehrere Weibchen zu verschaffen versucht, sondern dass auch die bedeutendere Größe und Stärke des Mannes im Vergleich mit der Frau, in Verbindung mit seinen breiteren Schultern, seiner entwickelteren Muskulatur, seinen eckigen Körperumrissen und seinem größeren Mut durch den Erfolg der stärksten und kühnsten Männer in ihren Streitigkeiten um Frauen entstand, welcher ihnen das Hinterlassen einer zahlreicheren Nachkommenschaft als ihren weniger begünstigten Brüdern sicherte.
Darwin vermutete also, dass der Mensch durch Vererbung von seinen frühen halbmenschlichen Urerzeugern zur Vielweiberei neigt, was über weite Strecken die Kulturgeschichte etwa des Alten Orients, der Antike und des Islam bestätigt.
Von diesen Befunden ausgehend, ist es zunächst wahrscheinlicher, dass polygyne oder promiske Paarungssysteme die frühhominide Ausgangsbasis stellten, und nicht die Monogamie, geschweige denn die Polyandrie.

*Christian Vogel, Volker Sommer, Drum prüfe, wer sich ewig bindet. Mann und Frau in evolutionsbiologischer Sicht, Funkkolleg Der Mensch, STE 8, Studienbrief 3, 1992, 20f.*

**Irenäus Eibl-Eibesfeldt: Bestie Mensch – ein Zerrbild?**

■ *Irenäus Eibl-Eibesfeldt (geb. 1928), Schüler von Konrad Lorenz, seit 1970 Professor für Zoologie an der Universität München. Die Verhaltensforschung (Ethologie) will aus dem Vergleich unterschiedlicher Arten und unterschiedlicher menschlicher Kulturen biologische Vorprogrammierungen des Menschen erkennen.*

*Bestia Humana – Ein Zerrbild des Menschen*

Ich vertrete die These, dass aggressives und altruistisches Verhalten durch stammesgeschichtliche Anpassungen vorprogrammiert sind, dass es daher für unser ethisches Verhalten vorgezeichnete Normen gibt. Die aggressiven Impulse des Menschen werden meines Erachtens durch ebenso tief verwurzelte Neigungen zur Geselligkeit und zum gegenseitigen Beistand aufgewogen. Nicht erst die Erziehung programmiert uns zum Guten, wir sind unserer Anlage nach gut.

*Angeborene Aggression*

Die Aggressivität als Disposition zur Aggression scheint auf der ganzen Erde verbreitet. Naturvölker und Kulturvölker scheinen sich dabei in ihrer aggressiven Disposition nicht grundsätzlich zu unterscheiden.

Die Aggression findet im Prinzip weltweit den gleichen Ausdruck. Das aggressive Imponieren durch Schmuck, Waffen und männliches Auftreten zeigt in den verschiedensten Kulturen grundsätzlich gleiche Züge. Man macht sich durch Federschmuck, Bärenfellmützen und dergleichen größer und eindrucksvoller, betont seine Muskulatur und Gelenke durch Muskelbänder und Schmuck und unterstreicht oft die Schulterbreite. Man gibt sich gelassen und trägt eine verächtliche Miene zur Schau.

Weltweit verbreitet ist ferner die Heroisierung der Aggression, sei es in Heldensagen oder in Form von aggressiven Symboltieren (Adler, Löwe, Bär, Hahn etc.) oder Wappen. Man zeigt auch stolz Narben, die von Raufereien herrühren. Wie bei den Tieren, so führt auch beim Menschen die Aggression zur territorialen Abgrenzung der Gruppen und innerhalb der Gruppen zur Ausbildung von Rangordnungen. Die territoriale Aggression hat die Verbreitung des Menschen über die Erde gefördert und die Besiedlung selbst unwirtlicher Gebiete bewirkt, indem aggressivere oder in der Waffentechnik fortgeschrittenere Völker andere in Rückzugsgebiete abdrängten. Und das war bis in die Neuzeit so.

Weltweit verbreitet ist die Lustmotivation der Aggression. Es gibt sehr viele Formen von Kampfspielen. Der Rahmen spannt sich von Wettkämpfen nach dem Muster des Fingerhakelns bis zum Schach oder Fußballspiel. Diesem aggressiven Wetteifern liegt eine Lust zugrunde. Offenbar reagiert man aggressive Impulse auf diese Weise ab.

Fehlt die Möglichkeit, Aggressionen abzureagieren, dann kommt es beim Menschen zu einem Aggressionsstau. Der kann zu gefährlichen, heftigen Entladungen führen. Im Alltag erleben wir periodische Schwankungen der inneren aggressiven Handlungsbereitschaft, das heißt, wir sind gelegentlich ärgerlich und damit leichter reizbar, ohne dass die Umwelt dafür verantwortlich gemacht werden kann.

Welche Konsequenzen ergeben sich für das menschliche Zusammenleben aus der Annahme eines angeborenen Aggressionstriebes? Sicherlich muss jede Menschenführung zunächst einmal eine dauernde Aggressionsbereitschaft einkalkulieren, die sich selbst gegen erzieherische Anstrengungen entwickelt.

Wir wissen, dass die Abreaktion gestauter Aggressionen keineswegs im menschlichen Gegeneinander erfolgen muss. Auch eine gemeinsame Aufgabe oder Kampfsportarten verbrauchen Aggressionen.

*Angriffshemmende Mechanismen*

Viele Tiere können sich im Verlauf einer Auseinandersetzung dem Artgenossen unterwerfen. Ihre Demutsgebärden hemmen einen weiteren Angriff. Auch wir Menschen verfügen über ein reiches Repertoire an Beschwichtigungs- und Demutsgebärden. Die meisten sind uns angeboren. So weinen und klagen Menschen in den verschiedensten Kulturen in prinzipiell gleicher Weise, und zwar nicht nur mit den gleichen Gebärden, sondern auch mit den gleichen Klagelauten. Auch in jenen Gesten der Unterwerfung, die kulturell ausgestaltet werden, stecken angeborene Elemente. So macht man sich kleiner, wenn man sich unterwirft. Hilflosigkeit, Schwäche und kindliches Verhalten erregen ebenfalls Mitleid. Unser wichtigstes freundliches Signal ist das Lächeln. Mit dieser angeborenen Verhaltensweise sind wir in der Lage uns mit völlig Unbekannten anzufreunden. Ein Lächeln entwaffnet. Unsere angeborenen Angriffshemmungen sind auf unsere biologische Ausstattung abgestimmt. Wenn Menschen einander mit bloßen Händen angreifen, dann kann sich schließlich einer unterwerfen und unser Mitleid erregen. Mit der Erfindung der ersten Waffe änderte sich das schlagartig.

*Die natürlichen Gegenspieler der Aggression: Gesten der Kontaktaufnahme*

Wir können beim Menschen mehrere Kussformen unterscheiden, die wahrscheinlich einen verschiedenen Ursprung haben. Der Beißkuss kommt als rhythmisch wiederholtes Beknabbern oder als gehemmtes Zubeißen vor. Lippen- und Zungenkuss des Menschen sind dagegen wohl abgeleitete

Fütterungshandlungen. Mund-zu-Mund-Fütterung wird in sehr verschiedenen Kulturen zwischen Mutter und Kleinkind ausgeübt.
Der ganze Komplex der sozialen Körperpflegehandlungen dient beim Menschen auch in der nicht ritualisierten Form der Erhaltung der freundlichen Beziehungen. Papuas lausen sich gegenseitig ebenso mit Hingabe wie Balinesen oder südamerikanische Indianer. Das Verhalten wird auch zwischen Pärchen als Liebesvorspiel geübt. Auch in Europa zausen Verliebte noch gerne des anderen Kopfhaare, deren erotische Bedeutung außerordentlich groß ist. Am Mittelmeerstrand filmte ich Mädchen, die mit Hingabe ihrem männlichen Begleiter kleine Pickel wegkratzten und ausdrückten.
Eine weit verbreitete Gebärde ist die Umarmung. Sie ist unschwer als mütterliche Schutzgebärde zu erkennen, die zur Trost- und Grußgebärde ritualisiert wurde und auch im Liebesvorspiel eine große Rolle spielt.
Ritualisierte Brutpflege wird auch verbal ausgedrückt. Schutzzusicherungen und Beruhigungen gehören zum Repertoire des zärtlichen Gespräches, das in diesem Punkte dem Inhalte nach durch stammesgeschichtliche Anpassungen vorprogrammiert scheint. Wir können beobachten, dass beim Menschen das Gespräch als bandstiftendes Ritual gepflegt wird.
Die betreuenden Verhaltensweisen der Brutpflege haben ihr natürliches Gegenstück in den sie auslösenden Signalen, die als ›Kindchenappelle‹ in das Repertoire der kontaktstiftenden und aggressionshemmenden Verhaltensweisen übernommen werden.
Menschen, die Beistand brauchen oder, wie beim Werben, zärtliches Verhalten auslösen wollen, verfallen ganz unwillkürlich in die Kindchenrolle.
Verliebte sprechen kindlich miteinander unter reichlicher Verwendung von Verkleinerungen. Mädchen geben sich in Gegenwart von Männern gerne hilflos, und ihr kindliches Gebaren löst Betreuung aus.

*Sexualität*

Ohne Zweifel hat die geschlechtliche Vereinigung beim Menschen sowohl die Aufgabe, den Partner zu binden, als auch, der Fortpflanzung zu dienen. Beide Funktionen sind trennbar. Biologische Anpassungen sichern geradezu, dass auch außerhalb der fruchtbaren Perioden die Vereinigung stattfindet, was die große Bedeutung der partnerbindenden Funktion der Sexualität belegt.

*Kampfgemeinschaft*

Als in geschlossenen Gruppen lebende Primaten neigen wir dazu, uns bei Gefahr enger zusammenzuschließen. Gemeinsame Verteidigung oder gemeinsame Aggression stiften ein außerordentlich starkes Band.
Aggressive Symbolik spielt auch im menschlichen Grußverhalten eine bedeutende Rolle. Es gibt neben dem als Demonstration der eigenen Stärke gemeinten Drohgruß auch Drohgrußgebärden, die ausdrücken, dass man zu gemeinsamem Kampf bereit ist, zum Beispiel den Gruß mit der geballten Faust. Die gemeinsam Grüßenden fühlen sich als Kampfgemeinschaft verbunden.
Eine Form ritualisierten bindenden Drohens ist das Lachen. Man lacht über jemanden, man lacht jemanden aus, und man tut dies gerne gemeinsam mit anderen. Der Ausgelachte empfindet das Lachen als aggressiv. Die gemeinsam Lachenden fühlen sich aber über dieses ritualisierte ›Hassen‹ einander verbunden.

*Grußgesten*

Überall ist es die Aufgabe des Grußes, ein Band zu stiften oder zu erhalten und Aggressionen zu beschwichtigen. Zum Komplex des Grußverhaltens gehört auch der Abschied. Beim Abschiednehmen festigt man wiederum durch freundliche Riten das Band für die Zukunft.
Die friedenstiftende Bedeutung des Grußes im menschlichen Alltag ist evident. Grüßt man nicht, dann löst das selbst im Familienkreis Aggressionen aus. Umgekehrt weiß jeder, dass eine freundliche Grußgeste oder ein freundliches Grußwort eine Situation entspannen kann. Die Erwiderung des Grußes ist eine wichtige Bestätigung der Kontaktbereitschaft.
In unserem Händegeben sind bemerkenswerte Elemente enthalten. Wir reichen uns ja nicht bloß die Hände in einer Berührung. Wir umfassen vielmehr die Hand des Partners und drücken und schütteln sie. In dieser Form der Kontaktnahme steckt eine Kraftdemonstration. Das Verhalten dient der gegenseitigen Abschätzung. Man ist beschämt, wenn man einen Händedruck nicht erwidern kann. Der Gruß enthält in diesem Punkte zweifellos ein aggressives Element; das Schütteln und Drücken der Hand ist oft eine Art Turnier.

*Feste und Feiern*

Bei allen Festen wird gemeinsam gegessen und getrunken, und dieses bindende Element dominiert in den Familienfesten. Je offizieller das Fest, je größer der Kreis der Teilnehmer, desto mehr wird das Fest zugleich eine Zur-Schau-Stellung. Auch solche Feste dienen der Bandbestärkung. Gemeinsames Protzen gegen die anderen verbindet ja auch. Je größer die feiernde Gruppe, desto mehr wird die kollektive Gruppenaggression angesprochen und darüber die Gruppe geeint. Das ist ganz offensichtlich bei den Nationalfeiertagen. Aber darüber sollte man die ungemein positiven Seiten der Familienfeste nicht vergessen. Man beschenkt Angehörige und Freunde und verschickt Kartengrüße in alle Welt. Feste dieser Art dienen der Verbrüderung, und alles, was dem nützt, muss man heute mehr denn je begrüßen.

*Aus: Irenäus Eibl-Eibesfeldt, Liebe und Hass. Zur Naturgeschichte elementarer Verhaltensweisen, Piper Verlag, München 1970. Zeichnungen: Hermann Kacher.* 

*Keith Haring (1958–1990), Andy Mouse, 1986. © The Estate of Keith Haring.*
*Als Kind der Pop Art ist der jung verstorbene Keith Haring mit Comics und Cartoons, den schillernden Erscheinungen der Massenkultur aufgewachsen. Während seiner zehnjährigen Karriere setzte er sich mit den Themen Gewalt, Geld, Sex und Aids, Religion und Rassismus auseinander. »Andy Mouse« lässt an den Tanz um das Goldene Kalb erinnern oder an das protzende Gehabe mancher Touristen.*

**Christian Vogel: Auf Egoismus programmiert**

■ *Christian Vogel (geb. 1933) ist Direktor des Institutes für Anthropologie an der Universität Göttingen. Die Soziobiologie beschäftigt sich mit den biologischen Grundlagen des Sozialverhaltens. Soziale Verhaltensweisen werden primär als Anpassungen durch natürliche Selektion erklärt.*

Die soziobiologische Richtung der modernen Evolutionsbiologie geht davon aus, dass der Mensch von Natur aus egoistisch veranlagt ist. Er ist darauf programmiert, seinem Eigeninteresse nachzugehen, sich selbst fortzupflanzen und sich gegen Konkurrenten durchzusetzen.
Dieses Eigeninteresse gilt jedoch nicht dem Individuum, sondern den eigenen genetischen Programmen. Ziel ist also nicht die individuelle, sondern die genetische Reproduktion. Konsequenterweise wird jenes Verhalten verfolgt, das den eigenen Verwandten einen höheren Reproduktionserfolg ermöglicht. Die weltweit zu beobachtende Verwandtenunterstützung (Nepotismus) ist so zu erklären. Offenbar sind Individuen dann »altruistisch«, d.h. bereit, auf ihren eigenen Vorteil zu verzichten, wenn dies der Fortpflanzung der eigenen Gene dient.
So lässt sich einmal erklären, dass Individuen bereit sind, für ihre eigenen Nachkommen ein hohes Überlebensrisiko einzugehen. So lässt sich zum anderen erklären, dass Organismen ihre individuelle Befriedigung und ihr Vergnügen gerade in jenen Aktivitäten finden, die dem Überleben des eigenen genetischen Materials dienen: Sex, Revierbesitz, sozialer Status usw.
Individuen sind aber darüber hinaus auch dann kooperativ und altruistisch, wenn sie eine sichere Erwiderung erwarten dürfen. Hier gilt das Prinzip: »Hilfst du mir, helfe ich dir«. Auch diese »direkte Reziprozität« dient dem Fortpflanzungserfolg der eigenen Gene.
Nun lässt sich zeigen, dass der evolutionsbiologische Grundsatz »Eigennutz vor Gemeinnutz« auch im Blick auf soziale Normen und ganze Normensysteme gilt, ja sogar für Vorstellungen einer alle Völker und Rassen übergreifenden Gleichheit und Brüderlichkeit.
Nachdem die Hominiden aufgrund ihrer Intelligenz die Konkurrenz durch andere Arten weitgehend ausgeschaltet hatten, wurden sie selbst füreinander die härtesten Konkurrenten. Die größte Gefahr für menschliche Gruppen geht von anderen menschlichen Gruppen aus. Dieser Konkurrenzdruck macht es nötig, innerhalb der eigenen Sozietät die Konflikte möglichst klein zu halten. Kooperation und innerer Friede sind die besten Voraussetzungen für Erfolg in der Konkurrenz mit anderen Gruppen. Immerhin gebärdet sich die Mafia, aber auch einige große Industrieunternehmen als »Familie«!
Um in Gruppen mit geringen verwandtschaftlichen Bindungen Konflikte gering zu halten, entstanden in der Evolution des Menschen als hilfreiche Mechanismen soziale Normen. Sie verdanken sich einer »indirekten Reziprozität«, bei der die Erwiderung auf eine Unterstützung oder Wohltat nicht mehr direkt vom Empfänger, sondern von anderen ausgeht.

## Das Gefangenendilemma

Ein Staatsanwalt hält zwei Männer in Untersuchungshaft, die des Raubs verdächtigt sind. Die gegen die beiden vorliegenden Indizien reichen aber nicht aus, um den Fall vor Gericht zu bringen. Er lässt sich die beiden Gefangenen vorführen und teilt ihnen unverblümt mit, dass er zu ihrer Anklage ein Geständnis braucht. Ferner erklärt er ihnen, dass er sie dann, wenn beide den Raubüberfall leugnen, nur wegen illegalen Waffenbesitzes zur Anklage bringen kann und dass sie dafür schlimmstenfalls zu je sechs Monaten Gefängnis verurteilt werden könnten. Gestehen beide aber die Tat ein, so werde er dafür sorgen, dass sie nur das Mindestmaß für Raub, nämlich zwei Jahre Gefängnis, bekommen. Wenn aber nur einer ein Geständnis ablegt, der andere aber weiterhin die Tat leugnet, würde der Geständige damit zum Kronzeugen und ginge frei aus, während der andere das Höchststrafmaß, nämlich zwanzig Jahre, erhalten würde. Ohne ihnen die Möglichkeit einer Aussprache zu geben, schickt er die Gefangenen in getrennte Zellen zurück und macht damit jede Kommunikation zwischen ihnen unmöglich.
Was können die beiden unter diesen ungewöhnlichen Umständen tun?

*Paul Watzlawick, Wie wirklich ist die Wirklichkeit? Wahn – Täuschung – Verstehen, Piper Verlag, München, 23. Aufl. 1997, S. 103*

Soziale Normen geben dem Individuum jene Verhaltensweisen an, die nach innen die Konflikte in einer Gruppe klein halten und nach außen die Konkurrenzfähigkeit stärken. Wenn ein Individuum sich an solche Normen hält, wird es von der Gruppe als ganzer belohnt und bekommt Vorteile. Wenn es sich nicht daran hält, wird es bestraft und muss Nachteile hinnehmen. Diese Belohnungen können auch in gesellschaftlicher Wertschätzung, Reputation und sozialem Status bestehen.
In komplexen Sozietäten kommt es für das einzelne Individuum darauf an, sich selbst anderen gegenüber als guter »Altruist« darzustellen, der zugunsten anderer auf eigene Vorteile verzichtet. Da dies andere anregt, sich selbst wiederum altruistisch zu verhalten und »wohltätig« zu sein, ist ein solches Auftreten sehr profitabel.
Zugleich beteiligt man sich dabei an der Aufschaukelung zu einer idealen, gemeinschaftsdienlichen Selbstlosigkeit, die zu guter Letzt allen Menschen auf der Welt gilt. Jeder soll darauf aus sein, altruistischer zu erscheinen, als er wirklich ist. Dies bringt ihm höhere Belohnungen ein und regt durch sein eigenes Vorbild wieder andere dazu an, ihrerseits wohltätiger zu werden, woraus er wiederum Nutzen zieht. Dieser soziale Druck bewirkt zugleich, dass es sich eigentlich kein Gesellschaftsglied leisten kann, allzu weit unter dem moralischen Standard zu bleiben. Durch idealisierte Vorbilder (wie längst verstorbene Helden oder Heilige) wird dieser Prozess erfolgreich unterstützt.

Offenbar haben Menschen einen inneren Widerstand gegenüber der Einsicht, dass ihr Verhalten durch Gene manipuliert wird und dem Eigeninteresse dient. Sie verdrängen diese Einsicht oder beschäftigen sich erst gar nicht mit ihr. Diese Unwissenheit hat aber evolutive Vorteile. Menschen ignorieren diese Mechanismen, um umso überzeugender die Rolle des Nicht-Egoisten spielen zu können.

Gegenüber einer Moral, die der Gesamtmenschheit verpflichtet ist, alle Menschen als gleich ansieht und Rücksicht gegenüber jedermann erwartet, muss man festhalten:
Menschen sind egoistisch – auch dann, wenn sie altruistisch auftreten.
Menschen verfolgen bewusst oder unbewusst jene Interessen, die dem Überleben der eigenen Gene dienen.
Individuen und Gruppen beurteilen andere immer wieder danach, ob sie von ihnen profitieren können.
Moralische Systeme dienen letztlich dem eigenen Vorteil, denn sie basieren auf indirekter Reziprozität.
Eine vollkommene Kooperation ist nur denkbar unter den Bedingungen höchster äußerer Bedrohung – solange diese nicht besteht, gibt es immer innere Konflikte.
Da es immer Konkurrenz gibt, gibt es immer auch Täuschung und Betrug.

*Nach Christian Vogel, Evolutionsbiologie und Moral, in: Funkkolleg Der Mensch, STE 30, Studienbrief 10, Tübingen 1993, 17ff.*

*Edward Hopper (1882–1967), Nighthawks (Nachtschwärmer), 1942. Friends of American Art Collection. Foto © 1998 The Art Institute of Chicago.*

# 25 Der Mensch in der Soziologie

**Amitai Etzioni: Das Ich braucht das Wir**

*Amitai Etzioni wurde 1929 in Köln unter dem Namen Werner Falk geboren. Er verließ 1936 Deutschland in Richtung Palästina, wo er zwanzig Jahre lebte und u.a. bei Martin Buber studierte. Er lehrt heute an der George Washington University und der Harvard Business School. Etzioni beeinflusste mit seinen Überlegungen und Vorschlägen so unterschiedliche Politiker wie Bill Clinton, Tony Blair, Kurt Biedenkopf, Rudolf Scharping und Joschka Fischer.*
*Etzioni ist der Motor der kommunitaristischen Bewegung in den USA, die sich gegen Individualismus und die einseitige Betonung der individuellen Autonomie wendet und das Gemeinwesen stärken will.*

Mein Ausgangspunkt ist von der Beobachtung bestimmt, dass Säuglinge physisch zwar als Menschen zur Welt kommen, psychisch, sozial und moralisch aber auf der Stufe von Tieren stehen. Obwohl die Menschen das Potential besitzen, tugendhaft zu werden, verfügen sie jedoch über keine angeborenen oder »eingebauten« Werte.
Die menschliche Tugendhaftigkeit ist von drei Bedingungen abhängig: Erstens von der Internalisierung von Werten, zweitens von der Entwicklung sozialer Gebilde, die die gegebenen Werte untermauern; und drittens von einer Reduzierung des unvermeidbaren Widerspruchs zwischen umfassender Ordnung und umfassender Autonomie, indem die wichtigsten sozialen Gebilde stärker auf die menschlichen Bedürfnisse eingehen.

»Internalisierung« bezeichnet jene Prozesse, durch die Kinder Werte in ihr entwickelndes Selbst aufnehmen, bis diese Werte zu ihren eigenen Werten, zu einem integralen Bestandteil ihres Selbst werden und auf diese Weise ihre Präferenzen formen.
Internalisierung vollzieht sich zunächst einmal in engen, affektgeladenen Beziehungen. Doch die Phase des Erwerbs von Werten beschränkt sich nicht auf die frühe Kindheit. Internalisierung vollzieht sich das ganze Leben hindurch zumeist im Rahmen enger Beziehungen in der Schule, am Arbeitsplatz und unter den Nachbarn einer Gemeinde. Je stärker die Bindungen unter den Mitgliedern einer Gruppe sind, um so wahrscheinlicher ist es, dass ein neu hinzustoßendes Mitglied die Werte der Gruppe internalisiert.

Es gibt jedoch Grenzen für das Ausmaß, in dem Menschen die Werte ihrer Gemeinschaften für sich selbst übernehmen, selbst wenn die Kräfte und Prozesse der Sozialisation in höchstem Maße effektiv wirken.
Eine Grenze liegt in dem unvermeidlichen Widerspruch zwischen den Bedürfnissen der sozialen Ordnung und dem Bedürfnis nach individueller und gruppenspezifischer Autonomie. Teilweise spiegelt sich in dem Bedürfnis nach Autonomie die animalische Grundlage der menschlichen Natur. Ob man dabei an eine Reihe spezifischer Bedürfnisse (nach Nahrung, Obdach, sexueller Befriedigung) denkt oder an libidinöse Energien, man wird sie nie vollständig formen und für soziale Rollen und in ihnen verkörperten Werte in Anspruch nehmen können.
Das Streben nach ständiger Erfüllung unserer Bedürfnisse ist ein weiteres Element der menschlichen Natur. Unsere Physiologie kennt keinen Grund für eine dauerhafte Selbst-

verleugnung und konstanten Triebverzicht (deshalb die großen Schwierigkeiten, mit denen Menschen zu kämpfen haben, die ihr Gewicht reduzieren und halten wollen). Weil die soziale Ordnung nicht selten eine gewisse Selbstverleugnung fordert, einen Aufschub an Befriedigung und ferner individuelle und gemeinschaftliche Kräfte in den Dienst an gesellschaftlichen Bedürfnissen stellt, stehen diese Forderungen häufig mit biologischen Dispositionen in Konflikt.

Internalisierungsprozesse finden darüber hinaus eine gewisse Grenze an sich selbst. Die diesen Prozess bewegenden Kräfte sind oft selbst unter den besten Umständen untereinander nicht gänzlich in Übereinstimmung zu bringen. Und die Umstände sind zumeist alles andere als ideal. Gestörte und auseinanderbrechende Ehen, Konflikte zwischen Eltern und Schulen oder zwischen verschiedenen Gruppen – all das setzt dem Prozess der Internalisierung eine Grenze. Das Ergebnis all dieser Faktoren ist eine Spannung zwischen der Kultur, die mittels der Internalisierung zum Tragen kommt, und denjenigen Kräften, die die Wirkungen der Internalisierung auszulöschen versuchen.
Wie widerspenstig die menschliche Natur ist, zeigt sich schon daran, dass selbst die denkbar wirkungsvollste Charakterbildung und stabilste moralische Infrastruktur unsoziale Triebe nicht zu tilgen vermögen. Ich denke etwa an Aggressionen oder krankhafte sexuelle Neigungen.

Weil jedoch gute Gesellschaften ihre Ordnung weitgehend auf die freiwilligen Verpflichtungen ihrer Mitglieder stützen müssen und ein relativ hohes Niveau an Autonomie gewähren sollten, können sie ihren Mitgliedern nur in begrenztem Maße eine »heroische« Moral voll schwerer Forderungen zumuten, die mit der menschlichen Natur nicht kompatibel sind.

Es wäre jedoch ein schwerwiegender Irrtum, die menschliche Natur lediglich als Hindernis normativer Bemühungen anzusehen. Für ein kommunitaristisches Denken ist das Bedürfnis des Einzelnen nach menschlich-affektiven Bindungen besonders wichtig, das zumeist von Familien oder Freunden, in Vereinen oder anderen Gemeinschaften befriedigt werden kann. Weil es sich dabei auch um jene sozialen Verbände handelt, in denen Internalisierungsprozesse stattfinden und die Stimme der Moral aufrechterhalten wird, kann eine Gesellschaft, die diese Verbände fördert, damit rechnen, dass die in ihr geltenden Werte erfolgreich internalisiert werden. Deshalb kann man auf einem grundlegenden menschlichen Bedürfnis nach Gemeinschaft aufbauen, um moralische Pflichten, die sich nicht von selbst entwickeln, zu fördern.

In Anbetracht der Tatsache, dass die Natur von Menschen nicht beliebig formbar, aber auch nicht nur widerspenstig ist, stellt sich die Frage, welche Faktoren die endgültigen Ergebnisse einer kommunitären Entwicklung bestimmen, die die Vorherrschaft des niederen Selbst, der Triebe, über das höhere Selbst, das Gewissen bzw. die Stimme der Moral, brechen will. Dieses Ergebnis hängt weitestgehend von den sozialen Verbänden einer Gesellschaft ab.

Diese Verbände können neu gestaltet werden, sowohl um Internalisierungsprozesse stärker voranzutreiben, als auch, um bislang unzureichende Prozesse zu vervollkommnen. Sie stützen sich zum einen auf externe Stimuli (die moralische Stimme der Gesellschaft), zum anderen aber auch auf utilitaristische Anreize und auf Zwangsmaßnahmen, die den gewünschten Ruf des Gewissens »bekräftigen« sollen.
Feiertage und Rituale sind in diesem Zusammenhang als Beispiele zu nennen. Sie haben in allen Kulturen dazu gedient, die Bindungen der Menschen an ihre Werte zu festigen und abzusichern. Die Medien stellen eine andere wichtige soziale Institution dar, die maßgeblich an der Bestärkung oder Untergrabung von Internalisierungsprozessen beteiligt ist.

Obwohl alle sozialen Verbände Internalisierungsprozesse beeinflussen, unterscheiden sie sich doch erheblich in ihrer Zusammensetzung. Diejenigen, die ich der moralischen Infrastruktur zuordne, bedienen sich vor allem der Stimme der Moral, wie sie etwa in Familien und in Gotteshäusern laut wird, um Internalisierungs- und Stabilisierungsprozesse zu fördern, während andere soziale Institutionen und Verbände sich stärker auf andere Mittel konzentrieren (etwa auf verschiedene Formen der Kontrolle). Eine gute Gesellschaft ist aber in besonderem Maße von ihrer moralischen Infrastruktur abhängig.
Diese moralische Infrastruktur zehrt von vier sozialen Phänomenen: der Familie, der Schule, den Gemeinschaften in einer Gesellschaft und der »Gemeinschaft von Gemeinschaften«, der Gesellschaft im Ganzen. Diese trägt dazu bei, dass die moralischen Verpflichtungen ihrer Mitglieder über die jeweilige Gemeinschaft hinausreichen.

*Amitai Etzioni, Die Verantwortungsgesellschaft. Individualismus und Moral in der heutigen Demokratie. Aus dem Englischen von Christoph Münz, Campus Verlag Frankfurt am Main/New York 1997, S. 221–235 (in Auszügen).*

I do my thing, and you your
thing.
I am not in this world to live
Up to your expectations.
And you are not in this world to
live up to mine.
You are You, and I am I,
And if by chance, we find each
other, it's beautiful.
If not, it can't be helped.

*Fritz Perls*

*Roy Lichtenstein (1923–1997), Drowning Girl (Ertrinkendes Mädchen), 1963, Museum of Modern Art New York. © VG Bild-Kunst, Bonn 1998. Roy Lichtenstein gehört zu den Hauptvertretern der Pop Art. Seine bevorzugten Themen stammen aus der Welt der Comics, des Konsums und der Klischees. Er versucht, die Banalität dieser Welt zu entlarven. Bei diesem Bild greift Lichtenstein eine Comicvorlage auf, die nur minimal verändert wird. Die Frau erscheint als Opfer einer unglücklichen Liebesaffäre.*

*George Grosz (1893–1959), Ohne Titel, 1920. © VG Bild-Kunst, Bonn 1998.*
*George Grosz prangerte als Kommunist mit seinen Bildern die Missstände während der Weimarer Republik an. Wichtigstes Ausdrucksmittel war zunächst die Karikatur, später auch die Malerei. Das hier vorgestellte Stadtbild hat keinen Titel, weil es die Leere, die Namenlosigkeit zum Thema hat. Grosz war Kriegsteilnehmer und wurde darüber psychisch krank. Das Bild erzählt sicherlich auch von ihm selbst, spielt aber auch auf die Situation der Arbeiter unter den Bedingungen des Kapitalismus an.*

# 26 Der Mensch in der Psychologie

**Dirk Wendt: Anlage und Umwelt**

■ *Dirk Wendt ist Professor für Psychologie an der Universität Kiel.*

Gene enthalten nur die »Rezepte« für bestimmte Moleküle, die in der Zelle produziert werden, nicht mehr. Es gibt kein »Gen für Musikalität« – und doch kann die Begabung dafür erblich sein.
Gene bestimmen, ob diejenigen Nervenzellen in meinem Gehirn, deren Verbindungen mich zur feinen Unterscheidung von Tönen befähigen, viele oder wenige, gut leitende oder schlecht leitende Synapsen mit anderen dafür wichtigen Nervenzellen bilden – und schon sind wir bei der genetischen Grundlage der Musikalität. Es kann eine Erblichkeit solcher Fähigkeiten also geben.
Vererbt wird der Bauplan des Organismus, sozusagen die »Hardware«, wie man das beim Computer nennen würde, im Zentralnervensystem: ob einer Nervenzelle A eine Verbindung zu einer anderen Nervenzelle B wächst oder nicht und wie gut, wie »durchlässig« diese Verbindung ist. Damit kann eine komplette Schaltung angeboren sein, die ein sehr komplexes Verhalten steuern kann.
Aber die Reiz-Reaktionsketten zwischen den Nervenzellen unseres Organismus sind nicht genetisch festgelegt, sondern durch Lernprozesse und andere Umwelteinflüsse erworben worden. Um unser Handeln zu ermöglichen, brauchen auch wir eine gewachsene Nervenbahn vom Signal zur Aktion, aber diese war nicht von vornherein als »Hardware« festgelegt, sondern die daran beteiligten Nervenzellen haben sie erst unter Umwelteinflüssen ausgeprägt. Nach unserem heutigen Wissen über Lernprozesse ist es wahrscheinlich, dass diese Bahnen zwar anatomisch von vornherein – also genetisch vorgegeben – vorhanden waren, aber sie waren nicht »durchlässig«, sie wurden nicht benutzt: Die Synapsen, die Verbindungsstellen zwischen den Nervenzellen dieser Bahnen, leiteten die Impulse nicht weiter.
Diese Vorstellung von der Entstehung angeborener und gelernter Verhaltensweisen durch die Ausbildung entsprechender Nervenverbindungen, die diese Verhaltensweisen steuern, ist vielleicht leichter zu verstehen am Beispiel der Ausbildung von Muskulatur: Wenn mir die genetische Veranlagung zum Wachstum von Muskelpaketen wie bei Arnold Schwarzenegger fehlt, kann ich trainieren, soviel ich will – ich werde seinen Körperbau nicht erreichen. Wenn ich aber die genetische Veranlagung zum Aufbau solcher Muskelmassen besitze, aber meine Muskeln nicht trainiere, werde ich diesen Körperbau auch nicht erreichen, ja nicht einmal merken, dass ich »das Zeug dazu« hätte, d.h. die genetische Möglichkeit dazu.
Aufgrund solcher Erkenntnisse neigt man heute bei der Diskussion der Anlage-Umweltfrage zu der »Interaktionismus-Hypothese«: Die genetische Anlage ist notwendig, aber was aus ihr wird, entscheiden großenteils Umwelteinflüsse. Die Frage bleibt: Wie groß ist dieses »großenteils«?

*Dirk Wendt, Entwicklungspsychologie. Eine Einführung, W. Kohlhammer Verlag, Stuttgart 1997, S. 24 f.*

## James W. Fowler: Stufen des Glaubens

*James W. Fowler (geb. 1940), ist Professor für Theologie und Entwicklungspsychologie an der theologischen Fakultät der Emory University Atlanta, Georgia, USA.*

0. Der primäre Glaube (Säuglingsalter)
Dieser erste Glaube besteht in einem Grundvertrauen in die Umwelt und in die Eltern. Dieses Vertrauen fördert die Wahrnehmung des Selbst als wertvoll, umhegt und geborgen. Es gleicht die Angst aus, die durch die vielen Trennungen entsteht.

1. Der intuitiv-projektive Glaube (Frühe Kindheit)
Dieser Glaube bildet sich im Alter zwischen zwei und sechs Jahren und ist verbunden mit dem Spracherwerb und der Entstehung des Vorstellungsvermögens. Da das Kind noch nicht über logische Fähigkeiten verfügt, die die Überprüfung von Wahrnehmungen erlauben, sind die Vorstellungen von Phantasien und Gefühlen bestimmt. Das Kind ist empfänglich für Geschichten, Gesten, Rituale und Symbole sowie für Geheimnisvolles und Göttliches.

2. Der mythisch-wörtliche Glaube (Kindheit)
Dieser Glaube bildet sich gewöhnlich zwischen sieben und zwölf Jahren. Seine Entwicklung ist verbunden mit der Fähigkeit, logisch zu denken und Vorstellungen zu überprüfen sowie mit der Fähigkeit auch Perspektiven anderer einzunehmen. Kinder leben in Geschichten, die ihrem Dasein Sinn geben und wörtlich verstanden werden.



3. Der synthetisch-konventionelle Glaube (Jugendzeit)
Ungefähr mit dem zwölften Lebensjahr kommt es bei den meisten Jugendlichen zu einer Revolution bei der Sinngewinnung. Neue geistige Fähigkeiten erlauben, mit der Konstruktion der Vorstellung des Selbst zu beginnen, von der man glaubt, dass andere Menschen sie haben. Da Heranwachsende es stets mit mehreren zu tun haben, für die sie wichtig sein wollen, entstehen im Inneren verschiedene Selbstbilder, die zu einer weitgehend unreflektierten, meist spannungsreichen Synthese gebracht werden. Überzeugungen werden oft von einer Gruppe übernommen, zu der man dazugehören will.

4. Der individuell-reflektierende Glaube
(Frühes Erwachsenenalter)
Bei einigen Menschen beginnt um das Alter von zwanzig Jahren die kritische Reflexion des eigenen Glaubens, der eigenen Werte und der eigenen Person. Die frühere Abhängigkeit von wichtigen Bezugspersonen wird erkannt und revidiert. Jetzt geht es um die Ansichten, für die man persönlich eintritt. Die Zugehörigkeit zu Gemeinschaften wird nicht mehr einfach übernommen, sondern bewusst gewählt. Die eigene Person wird für sich selbst zur Autorität.

5. Der verbindende Glaube (Mittlerer Lebensabschnitt)
Bei einigen Erwachsenen, normalerweise im Alter über fünfunddreißig, beginnen sich die klaren Grenzen der eigenen Vorstellungen über sich selbst, andere Menschen und die Welt insgesamt zu verwischen. Es kommt zu Bewusstsein, dass vieles relativ und von bestimmten Voraussetzungen abhängig ist. Auch die eigenen Vorstellungen verdanken sich spezifischen Bedingungen, die für andere nicht gelten müssen. Die unterschiedlichen Sichtweisen anderer erweisen sich als wertvolle Ergänzung. Widersprüche, Paradoxien und Doppeldeutigkeiten werden als Erfahrung von Wirklichkeit akzeptiert. Traditionelle Wahrheiten, frühere Geschichten und überlieferte Symbole werden in neuer Weise als Hilfe für das Verständnis der Wirklichkeit angesehen.

6. Der universalisierende Glaube
(Mittlerer Lebensabschnitt und später)
Diese Glaubensstufe findet sich selten. Es handelt sich um Menschen, die das eigene Selbst als Mittel- und Ausgangspunkt für das Glaubenswissen aufgegeben haben. Sie sehen sich als Teil der umfassenden Gemeinschaft aller Menschen, allen Lebens, ja allen Seins und fühlen sich dieser in Liebe verpflichtet. Aufgrund dieser Liebe sind sie frei für ein selbstloses, leidenschaftliches Engagement für das Leben. Sie arbeiten für eine Welt, in der Gerechtigkeit und Liebe herrscht.

*Bild: Keith Haring (1958–1990), Ohne Titel, 1981.*

## James W. Fowler: Glaubensentwicklung

Ich bin der Überzeugung, dass zu den Plänen und Zielen, die in der Schöpfung offenbar werden, auch eine genetisch angelegte Fähigkeit des Menschen zur Partnerschaft mit Gott gehört. Wir sind gleichsam dafür vorstrukturiert, die Fähigkeiten hervorzubringen, die wir zur Erfüllung unserer Berufung als reflexive und antwortende Glieder der Schöpfung brauchen.

Die zu unserer Bestimmung und Freiheit gehörenden Potentiale können jedoch in Widerstand gegen Gott und in Konkurrenz und Abwehr gegenüber dem Nächsten übergehen und deshalb verkehrt werden. Die genetisch vorgegebenen und uns als Menschen auszeichnenden Fähigkeiten zu Glaube und Treue gegenüber Gott, Natur und anderen Menschen können verdorben, verunstaltet und irregeleitet werden.

Der Kontext, in dem wir zu einem Selbst werden und Glaubenshaltungen und -stile herausbilden, ist die Gemeinschaft. Es gibt kein Selbst, das sich nicht in der Beziehung zu anderen und zum kulturellen Erbe gemeinsamer sozialer Bedeutungen und Institutionen gebildet hätte. Und es gibt auch keinen Glauben, der nicht im Rahmen von Beziehungen, Sprache, Ritual und Symbolik erweckt und gebildet worden wäre.

Zu Beginn unseres Daseins sind wir in Bezug auf die Umwelt weitgehend in nicht-bewusste Abhängigkeit und Interaktion eingebettet. Erst allmählich beginnen wir, uns selbst als Objekte des Bewusstseins von den anderen und von den Objekten unserer Umwelt zu unterscheiden. Der größte Teil unseres Seins ist im Leben aber zumeist nicht bewusst oder reflektiert.

Das Selbst ist in grundlegender Weise von unserer Körperlichkeit abhängig. Die Körperlichkeit bringt bestimmte Grundrhythmen, mehrere Energieebenen, unterschiedliche Koordinationsfähigkeit, die Knochenstruktur und Muskulatur als Ausdruck physischer Stärke und Ausdauer sowie das Gesicht mit seiner besonderen Ausdrucksvielfalt mit sich. Und noch ein weiteres primäres Element des Selbst ist mit seiner Körperlichkeit gegeben: Sexualität, erotische Energien und Bedürfnisse sowie die Grundlage geschlechtlicher Identität.
Zum Selbstsein gehört auch Reflexion. Das Selbst wird sich seiner selbst bewusst, und zwar durch seine Beziehungen zu anderen und mit Hilfe ihrer Reaktionen.
Im körperlichen und reflexiven Selbst bildet sich eine grundlegende Orientierung in Bezug auf die Bedingungen der Existenz. Diese grundlegende Orientierung ist eine weitgehend unreflektierte und unbewusste Disposition oder Haltung. Erst allmählich und stückweise werden wir uns der allgegenwärtigen Disposition, die wir Glaube nennen, bewusst, können sie zum Ausdruck bringen und wollen ihr Gestalt verleihen.

In der Sprache der kognitiv strukturellen Entwicklungstheorien ist der Glaube eine Konstruktion der Existenzbedingungen. Er versucht, unseren weltlichen Alltagserfahrungen im Lichte einer Erklärung der letzten Bedingungen unserer Existenz Sinn abzugewinnen. Der Glaube umfasst drei wichtige Formen des Konstruierens: 1. ein bestimmtes Muster des Erkennens (das wir manchmal als »Glaubensinhalt« bezeichnen); 2. ein bestimmtes Muster des Wertens (das wir manchmal Verpflichtung oder Hingabe nennen); 3. ein bestimmtes Muster der Sinnkonstruktion, gewöhnlich in narrativer Form einer zugrundeliegenden story.

Stufen des Selbst und des Glaubens bezeichnen typische Konstruktionsmuster, die aus integrierten Operationen des Erkennens, Wertens und der Sinnkonstruktion bestehen, jeweils eine formale Einheitlichkeit aufweisen, einer Entwicklungsfolge unterliegen und den vorhergehenden Stufen etwas qualitativ Neues und komplexer Entwickeltes hinzufügen.

*James W. Fowler, Glaubensentwicklung, Chr. Kaiser, München 1989, S. 78–82 (in Auszügen)*

## Die Leute wissen nicht, was sie wollen

Hellhörige Marketer hegen Zweifel an drei Grundvoraussetzungen, von denen sie bei ihrem Bemühen ausgegangen waren, das vorhersagbare Verhalten von Menschen, besonders Verbrauchern, logisch zu ergründen.

Erstens, entschieden sie, darf man nicht annehmen, dass die Leute wissen, was sie wollen. In einer Umfrage bei Biertrinkern brachten die Männer eine entschiedene Vorliebe für ein »leckeres trockenes Bier« zum Ausdruck. Befragt, was sie sich unter einem trockenen Bier vorstellten, gerieten sie in Verlegenheit. Diejenigen, denen überhaupt eine Antwort einfiel, äußerten sich weitgehend verschieden.
Zweitens, schlussfolgerten einige Marketer, darf man nicht unterstellen, dass einem Leute hinsichtlich ihrer Wünsche und Abneigungen die Wahrheit sagen, sogar wenn sie sie wissen. Wahrscheinlicher sei, dass man Antworten erhalte, die dem steten Streben der Befragten entsprechen, vor der Welt als wirklich verständige, gescheite, vernünftige Menschen zu erscheinen.
In einem Falle fragte ein Institut eine Gruppe von Leuten, ob sie Darlehen bei Kundenkreditgesellschaften aufnähmen. Alle sagten nein. Einige sogar im Brustton der Entrüstung. In Wahrheit hatte man den ganzen Kreis der Befragten aus der Kundenkartei eines ortsansässigen Kreditunternehmers ausgesucht.
Schließlich, entschieden die Marketer, sei es gefährlich vorauszusetzen und darauf zu vertrauen, dass sich die Menschen vernunftgemäß verhalten.
Ein Farbenforschungsinstitut stieß auf einen vermeintlich erschreckenden Hang zur Unvernunft, als es Verpackungs-

entwürfe für ein neues Waschmittel testete. Man wollte feststellen, ob die Meinung einer Frau über ein bestimmtes Erzeugnis, mehr als ihr selber klar ist, durch die Verpackung beeinflusst wird. Das Institut gab den Hausfrauen drei verschiedene Pakete mit Waschpulver und bat sie, alle drei eine Zeit lang auszuprobieren und dann mitzuteilen, welches davon für empfindliche Wäsche das beste sei. Man erweckte bei den Frauen den Eindruck, als hätten sie drei verschiedene Sorten Waschpulver erhalten. In Wirklichkeit waren nur die Schachteln verschieden: Das Waschmittel war in allen dasselbe.

Das eine Paket war vorwiegend gelb. Man hatte Gelb für den Test verwendet, weil einige Händler überzeugt waren, Gelb sei seines kräftigen visuellen Eindrucks wegen für Läden die beste Farbe. Die andere Schachtel war blau ohne jedes Gelb, die dritte blau mit gelben Farbtupfen.

In ihren Berichten behaupteten die Hausfrauen, dass das Waschmittel in der leuchtend gelben Schachtel zu scharf war; angeblich hatte es in einigen Fällen sogar Wäsche verdorben. Bei dem Waschmittel in der vorwiegend blauen Packung beanstandeten die Frauen in vielen Fällen, die Wäsche sei nach der Behandlung nicht schön klar gewesen. Die dritte Schachtel mit dem nach Ansicht des Instituts farblich ideal ausgewogenen Verpackungsentwurf wurde ganz überwiegend günstig beurteilt. Um die Wirkung des Waschmittels aus dieser Schachtel zu beschreiben, griffen die Frauen zu Ausdrücken wie »schön« und »wunderbar«.

Einen auffallenden Transvestitismus machten die Marlboro-Zigaretten durch, die bis dahin lippenstiftrot mit elfenbeinfarbenem Mundstück in erster Linie für Frauen gedacht waren. Diese sexuelle Abstempelung behagte Marlboro nicht ganz, weil die männlichen Raucher die weiblichen noch immer zwei zu eins überwogen. Als die Krebsfurcht Millionen Männer veranlasste, nach dem Filtermundstück zu greifen, entschlossen sich die Marlboro-Leute um der Männer willen zu einem sexuellen Purzelbaum, während man auch weiterhin so viele Frauen wie möglich halten wollte. Als erstes ließ man Louis Cheskin vom Farbenforschungsinstitut eine männlichere Packung entwerfen. Er gestaltete sie in frechem Rot und Weiß. Doch war das nur eine von mehreren bedeutsamen Veränderungen. Die Marlboro-Inserate zeigten nun rauhe, männlich aussehende Männer mitten bei der Arbeit. Um den gewünschten männlichen Eindruck zu bekommen, verwendete die Firma für die Bilder keine berufsmäßigen männlichen Fotomodelle, sondern Seeleute, Cowboys, angeblich auch einige in der Vertrags-Werbeagentur tätige

*Duane Hansen, Supermarket Shopper (1970), Neue Galerie Sammlung Ludwig, Aachen.*

Leute. Und die Anzeigen-Schlagzeilen sprachen von Marlboros »männlichem Aroma«.

Der Motivexperte Pierre Martineau lobte die Marlboro-Werbung, da sie ihre Marke mit einer »furchtbar aufregenden Persönlichkeit« ausstatte. Er meinte, die höchst männlichen Figuren und die Tätowierungssymbole träfen »genau den Kern einiger Grundbedeutungen des Rauchens: Männlichkeit, Reife, Kraft und Potenz. Selbstverständlich können diese Bedeutungen nicht unverhüllt dargestellt werden. Der Verbraucher würde sie ganz entschieden ablehnen. Der Unterschied zwischen einem erstklassigen schöpferischen Mann und einem Tagelöhner der Werbung besteht eben in der Fähigkeit, starke Bedeutungen indirekt auszudrücken.«

*Vance Packard, Die geheimen Verführer, Econ-Verlag, Düsseldorf 1978, Ullstein Taschenbuch S. 11–13.72f*

# 27 Der Mensch in der Neurologie

**Gerhard Roth:**
**Wer ist der Chef – das Gehirn oder das Bewusstsein?**

■ *Gerhard Roth (geb. 1942), Studium der Philosophie, Germanistik, Musikwissenschaft und Biologie. Seit 1976 Professor für Verhaltensphysiologie an der Universität Bremen mit dem Forschungsschwerpunkt Hirnorganisation und Hirnevolution der Wirbeltiere.*

Die Erkenntnisse der modernen Gehirnforschung lassen den Schluss zu, dass geistige Prozesse einerseits und Gehirnprozesse andererseits in unserem Gehirn sehr eng miteinander verbunden sind. Diese Parallelität von Wahrnehmungs-, Vorstellungs- und Denkprozessen mit Gehirnprozessen kann heutzutage durch eine Vielzahl von Techniken sichtbar gemacht werden.
Man kann mit ihrer Hilfe auf wenige Millimeter genau angeben, in welchen Zentren des Gehirns der untersuchten Versuchsperson gerade Aktivitäten ablaufen. Dies lässt sich in Form von Computerbildern darstellen. Auf diese Weise wird es möglich, zumindest ungefähr den gerade aktiven Hirnzentren jene geistigen Prozesse zuzuordnen, die in der Versuchsperson aktuell ablaufen. Der geübte Untersucher kann beispielsweise feststellen, ob sie etwas Farbiges und/oder etwas Bewegtes sieht, ob sie Musik oder Sprache hört, ihre Finger oder ihre Lippen bewegt usw. Innerhalb der Grenzen, die die heutige Technik den Untersuchungen setzt, kann man also von Hirnaktivität auf geistige Aktivität und umgekehrt schließen. In manchen Fällen lässt sich die Parallelität zwischen geistigen Zuständen und neuronalen Prozessen bis auf die Ebene einzelner Nervenzellen hinunter verfolgen.

Eine philosophische Deutung dieser Befunde im Hinblick auf das Gehirn-Geist-Problem soll an dieser Stelle nicht gegeben werden. Immerhin kann soviel gesagt werden, dass diese Befunde eine Identität von Gehirn und Geist nicht zwingend nahelegen, denn aus der Tatsache, dass zwei Prozesse sehr eng miteinander verbunden sind, folgt nicht mit Notwendigkeit, dass sie identisch sind. Es ist möglich, dass Geist und Gehirn zwei unterschiedliche Ansichten einer dritten, uns unerkennbaren Sache sind (die sogenannte Zwei-Aspekte-Theorie). Es muss zudem berücksichtigt werden, dass überhaupt nur wenige Gehirnprozesse von Bewusstsein und Geist begleitet sind. Geist und Bewusstsein treten im Gehirn nur unter sehr spezifischen Bedingungen auf, nämlich dann, wenn die oben geschilderten zahlreichen corticalen und subcorticalen Systeme miteinander wechselwirken.
Die Hirnforschung kann also beim derzeitigen Stand des Wissens nicht eindeutig für oder gegen eine materialistische Zwei-Aspekte-Theorie Position beziehen bzw. für oder gegen einen interaktionistischen Standpunkt. Nach den geschilderten wissenschaftlichen Befunden ist aber klar, dass ein streng dualistischer Standpunkt, der den Geist als eine vom Gehirn unabhängige, autonome Wesenheit ansieht, nicht mit dem gegenwärtigen naturwissenschaftlichen Erkenntnisstand vereinbar ist. Wir müssen vielmehr davon ausgehen, dass Geist und Gehirn unter jeweils ganz spezifischen Bedingungen eine Einheit bilden. Geistige Zustände lassen sich nämlich durch operative Eingriffe, Hirnstimulation, Verabreichung von Drogen usw. gezielt verändern; umgekehrt erleben wir ständig, dass unsere geistigen Zustände unsere körperlichen Zustände beeinflussen.

*Gerhard Roth, 100 Milliarden Zellen, Gehirn und Geist, in: Funkkolleg Der Mensch, STE 5, Studienbrief 2, Tübingen 1992, S. 44 f.*

**Richard Schröder: Das Bewusstsein wird sich nie im Labor nachweisen lassen**

■ *Richard Schröder lehrt Philosophie an der Humboldt-Universität Berlin.*

Wenn jemand auf die Frage »Wer bin ich?« antworten würde: »Ich bin ein Produkt der Materie« oder »Ich bin eine Eigenschaft der Materie«, machen wir uns berechtigterweise Sorgen um ihn. Was meint er nur? Will er sich etwa vor seiner Verantwortung drücken? In der Tat: Eigenschaften und Produkte sind nie verantwortlich. Denn verantwortlich sind nur Personen und nicht Dinge. Personen sind verantwortlich für ihre Produkte oder Taten und in gewissen Grenzen auch für ihre erworbenen Eigenschaften, nämlich für die, die sie sich abgewöhnen sollten. »Wenn du dich zum Ding erklärst, zum Produkt oder zur Eigenschaft, weist du dir selbst einen Platz zu jenseits von Freiheit und Würde«, müssten wir jenem Sonderling antworten. [...]
Ich will einen Test anbieten auf die Ernsthaftigkeit der Behauptung, dass ein Computer Bewusstsein hat. Das glaube ich nur demjenigen, der bereit ist, einem Computer etwas zu schenken. Wenn er antwortet: Das geht doch gar nicht, würde ich entgegnen: Eben. Der Computer hat keine Welt, sondern bloß Informationen, die er nach Programmen verarbeitet, und dies kann er besser als wir. Wir aber können außerdem über uns erschrecken, wenn wir bemerken, dass wir bloß noch automatisch, ohne Sinn und Verstand und ohne Rücksicht auf die Welt, ein Programm abarbeiten.
Wenn auch Computer dergestalt Buße tun können, sollten wir ihnen Menschenrechte einräumen. Bis dahin sind sie bloß Maschinen und unser Produkt.

*Richard Schröder, DIE ZEIT Nr. 28 vom 2. Juli 1998, S. 33*

*Salvador Dalí (1904–1989), Rafaels Kopf zerborsten, auch: explodierender Rafaelskopf (1951). Scotish National Gallery Edinburgh. © Demart pro Arte B. V./VG Bild-Kunst, Bonn 1998.*
*Dalí kombiniert den Kopf Rafaels mit der Kuppel des Pantheons in Rom. Die Atomexplosion von Hiroshima 1945 hatte in ihm eine tiefgreifende Erschütterung ausgelöst und ihn zum Überdenken seiner Arbeit veranlasst.*

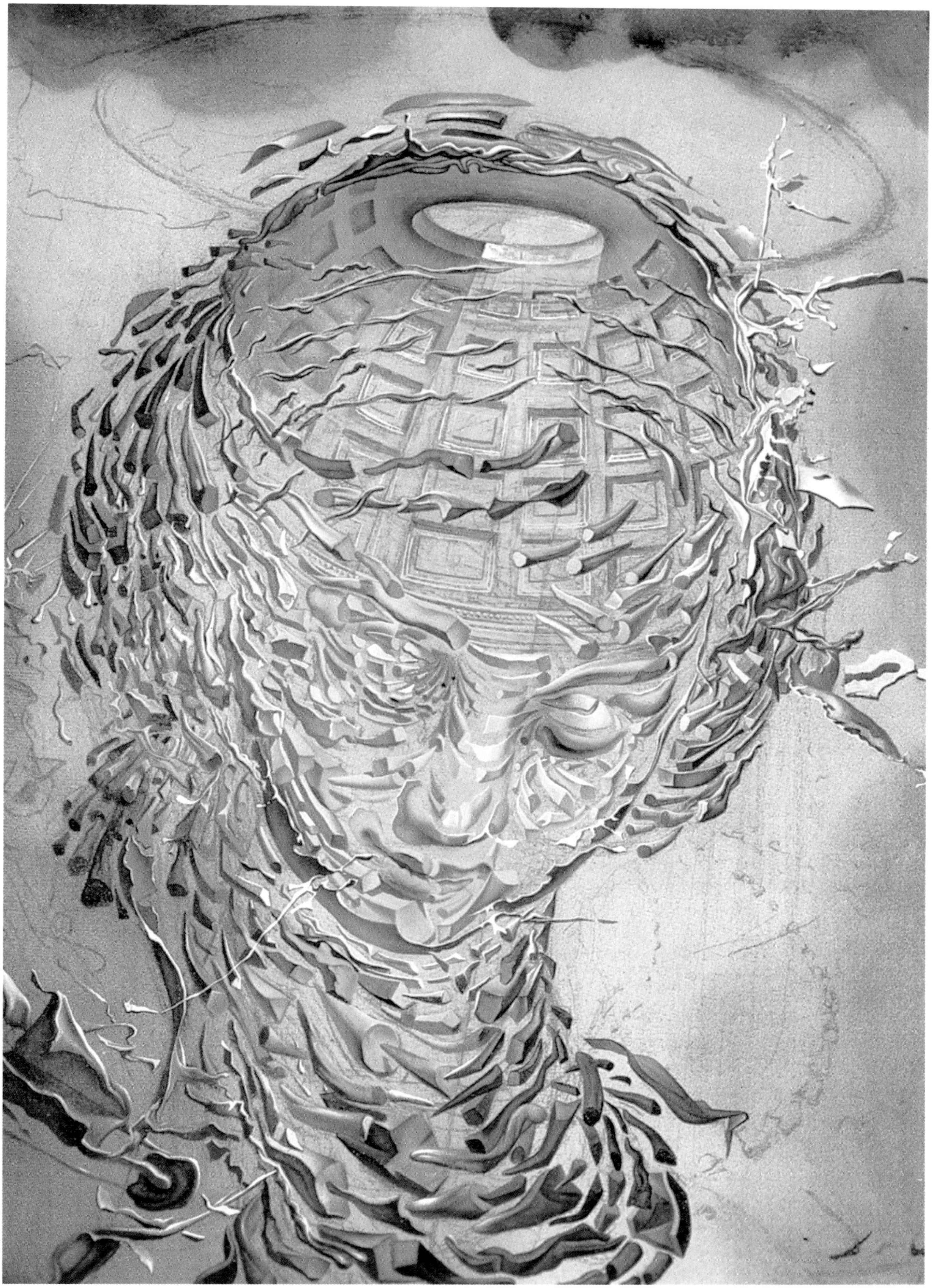

# E Wie entscheiden wir uns?

*Anthropologische Aussagen und Bilder vom Menschen liegen nicht auf der Hand. Sie finden sich oft versteckt in der Begründung von ethischen Urteilen oder in der Begründung von pessimistischen oder optimistischen Einschätzungen der Zukunft.*
*Eine theologische Anthropologie kommt erst dann zum Ziel, wenn sie Zeitgenossen hilft, bei ethischen Streitfragen oder weitreichenden Einschätzungen den anthropologischen Hintergrund aufzuhellen, kritisch zu bedenken und schließlich eine eigene Stellungnahme zu formulieren.*
*Von der jeweiligen Sichtweise des Menschen hängt ab, wie wir Abtreibung beurteilen, mit den Ergebnissen der Evolutionslehre umgehen, ob wir Klonierung und Gendiagnostik befürworten, unter welchen Bedingungen wir der Organspende zustimmen können, wie wir die globale Zukunft sehen und unser Handeln ausrichten, wie wir mit Schuld umgehen.*

## 28 Abtreibung

### Peter Singer: Der Fötus ist kein menschliches Wesen

■ *Peter Singer (geb. 1946), Leiter des Center für Human Bioethic in Clayton, Australien. Er vertritt einen strengen Präferenzutilitarismus, der davon ausgeht, dass in einer Entscheidungssituation nicht abstrakte moralische Normen gelten sollen. Vielmehr gilt es die Interessen aller von einer Entscheidung Betroffenen abzuwägen und jenen den Vorzug zu geben, die am wahrscheinlichsten die Interessen der Betroffenen maximieren. Singer ist in Deutschland umstritten, weil er sich für die aktive Euthanasie einsetzt.*
*Während Peter Singers Persondefinition an bestimmte Fähigkeiten oder Eigenschaften des Menschen geknüpft ist, sieht die christliche Anthropologie den Menschen als ein Beziehungswesen. Das Personsein liegt deshalb nicht in dem, was der Mensch kann oder hat, sondern in dem, was er in Beziehung zu Gott ist. Der Mensch ist aber von Gott her grundlegend dazu bestimmt und berufen, geschöpfliches Gegenüber zu sein und in Gemeinschaft mit Gott zu leben. Dies macht den Menschen zur Person und begründet seine Würde. Davon zu unterscheiden ist, wie der Mensch seine Personalität als Subjekt realisiert.*

Das Hauptargument gegen die Abtreibung, von dem wir ausgingen, lautete folgendermaßen:
Erste Prämisse: Es ist falsch, ein unschuldiges menschliches Wesen zu töten.
Zweite Prämisse: Ein menschlicher Fötus ist ein unschuldiges menschliches Wesen.
Es ist falsch, einen menschlichen Fötus zu töten.

Die Schwäche der ersten Prämisse des konservativen Arguments liegt darin, dass sie auf unsere Billigung des besonderen Status des menschlichen Lebens angewiesen ist. Wir haben gesehen, dass der Begriff »menschlich« zwischen verschiedenen Bedeutungen schwankt: »Mitglied der Gattung Homo sapiens« einerseits und Person andererseits. Ist der Begriff erst einmal auf diese Weise aufgespalten, so wird die Schwäche der ersten Prämisse augenfällig. Wird »menschlich« als Äquivalent für »Person« genommen, dann ist die zweite Prämisse des Arguments, die Behauptung, der Fötus sei ein menschliches Wesen, mit Sicherheit falsch; denn man kann nicht plausibel argumentieren, der Fötus sei entweder rational oder selbstbewusst. Nimmt man andererseits »menschlich« in der Bedeutung von »Mitglied der Spezies Homo sapiens«, dann beruht die konservative Verteidigung des Lebens des Fötus auf einer Eigenschaft, die keine moralische Bedeutung hat, und somit ist die erste Prämisse falsch. Dieser Punkt sollte uns jetzt allmählich vertraut sein: Ob ein Wesen ein Mitglied unserer Spezies ist oder nicht, ist für sich genommen für die Verwerflichkeit des Tötens ebenso unerheblich wie die Frage, ob es ein Mitglied unserer Rasse ist oder nicht. Die Auffassung, die bloße Zugehörigkeit zu unserer Spezies, ungeachtet aller anderen Eigenschaften, sei von entscheidender Bedeutung für die Verwerflichkeit des Tötens, ist ein Erbe religiöser Lehren, die selbst die Gegner der Abtreibung nurmehr zögernd ins Gespräch bringen.
Diese einfache Erkenntnis verändert die Abtreibungsdiskussion. Wir können den Fötus nun als das betrachten, was er ist – die wirklichen Eigenschaften, die er besitzt – und können sein Leben nach demselben Maßstab bewerten wie das Leben von Wesen, die ähnliche Eigenschaften haben, aber: nicht zu unserer Spezies gehören. Es wird nun offensichtlich, dass die »Recht-auf-Leben«-Bewegung einen falschen Namen hat. Weit entfernt davon, sich für jedes Leben einzusetzen in einem Ausmaß, das ohne Voreingenommenheit nur nach der Natur des fraglichen Lebens bemisst, zeigen diejenigen, die gegen Abtreibung protestieren, jedoch regelmäßig das Fleisch von Hühnern, Schweinen und Kälbern verspeisen, nur ein vordergründiges Interesse am Leben derer, die zu unserer Spezies gehören. Denn bei jedem fairen Vergleich moralisch relevanter Eigenschaften wie Rationalität, Selbstbewusstsein, Bewusstsein, Lust- und Schmerzempfindung und so weiter haben das Kalb, das Schwein und das viel verspottete Huhn einen guten Vorsprung vor dem Fötus in jedem Stadium der Schwangerschaft – und wenn wir ei-

nen weniger als drei Monate alten Fötus nehmen, so würde sogar ein Fisch, ja eine Garnele mehr Anzeichen von Bewusstsein zeigen.

Ich schlage daher vor, dem Leben eines Fötus keinen größeren Wert zuzubilligen als dem Leben eines nichtmenschlichen Lebewesens auf einer ähnlichen Stufe der Rationalität des Selbstbewusstseins, der Wahrnehmungfähigkeit, der Sensibilität etc. Da kein Fötus eine Person ist, hat kein Fötus denselben Anspruch auf Leben wie eine Person. Ferner ist es sehr unwahrscheinlich, dass Föten von weniger als achtzehn Wochen überhaupt fähig sind, etwas zu empfinden, weil ihr Nervensystem allem Anschein nach noch nicht genug entwickelt ist. Wenn das so ist, dann beendet eine Abtreibung bis zu diesem Datum eine Existenz, die überhaupt keinen Wert an sich hat. In der Zeit zwischen achtzehn Wochen und der Geburt – wenn der Fötus vielleicht bewusst, aber nicht selbstbewusst ist –, beendet die Abtreibung ein Leben, das einen gewissen Wert an sich hat, und somit sollte sie nicht leicht genommen werden. Aber die schwerwiegenden Interessen einer Frau haben normalerweise den Vorzug gegenüber den rudimentären Interessen des Fötus. In der Tat ist in einer Gesellschaft, in der weit entwickeltere Formen des Lebens um des Geschmacks ihres Fleisches willen abgeschlachtet werden, eine Abtreibung selbst dann noch, wenn sie bei schon fortgeschrittener Schwangerschaft und aus ganz oberflächlichen Gründen vorgenommen wird, schwerlich zu verurteilen.

*Peter Singer, Praktische Ethik, Philipp Reclam jun., Stuttgart 1984, S. 160–163 (in Auszügen)*

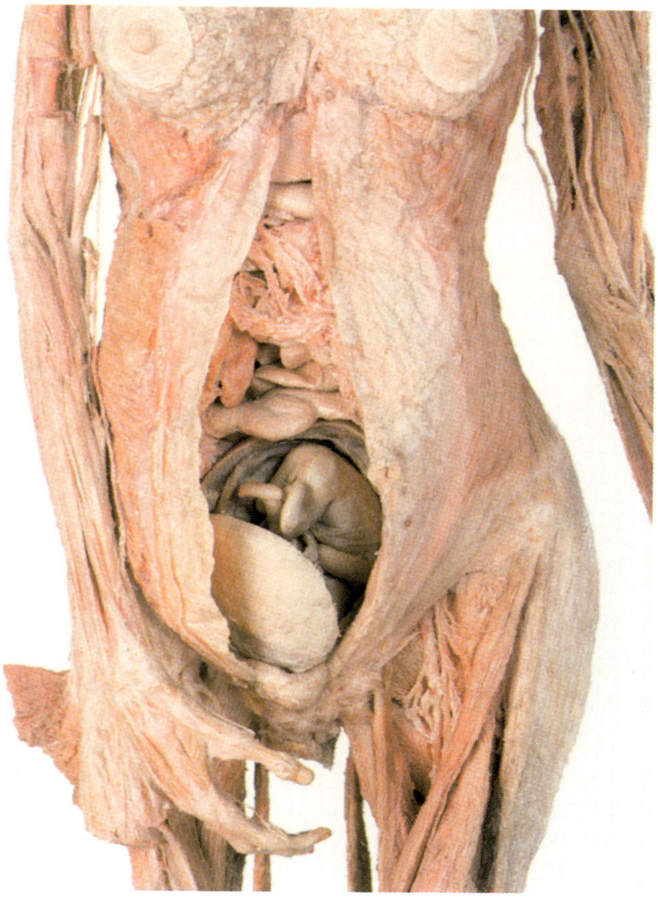

*Von Hagens, Körperwelten*
*Die Ausstellung Körperwelten hat im Winter 1997/98 viele Menschen bewegt. Sie zeigt Plastinate von Leichen, wie sie in der Anatomie zu medizinischen Zwecken hergestellt werden. Von kirchlicher Seite wurde die Missachtung der menschlichen Würde kritisiert, die auch noch einem toten Menschen zustehe.*

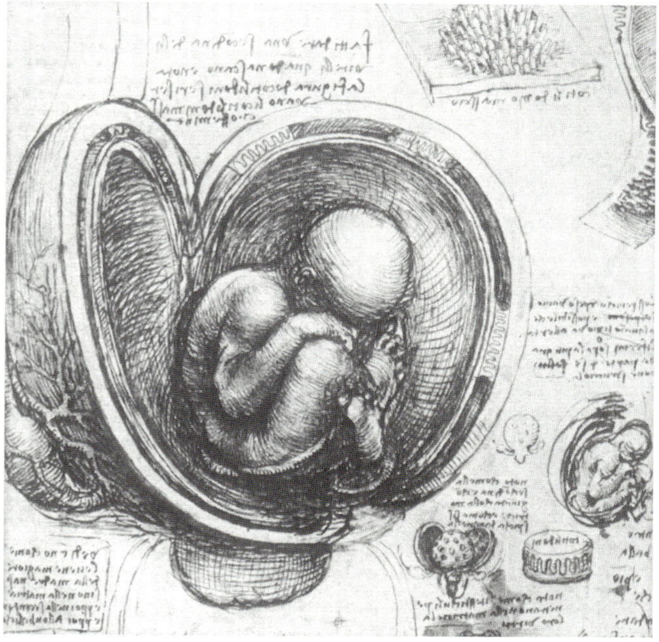

*Leonardo da Vinci (1452–1519), Embryo im Mutterleib, Federzeichnung um 1510, Windsor Castle.*
*Durch seine anatomischen Zeichnungen wird Leonardo zum Begründer einer bildlich exakt darstellenden Anatomie. Sein Ziel ist die Aufklärung des gesamten Organismus und seines Funktionierens. Dieses Bemühen verbindet den genialen Künstler mit der gerade entstehenden modernen Naturwissenschaft.*

*Michelangelo, Erschaffung Adams.*
*Michelangelo Buonarotti (1475–1564), Maler und Bildhauer aus Florenz, gilt neben Leonardo da Vinci als bedeutendster Vertreter der Hochrenaissance. Die Erschaffung des Adam ist Teil der Deckenbemalung der Sixtinischen Kapelle in Rom, die Michelangelo 1509–1512 im Auftrag von Papst Julius II. gestaltete.*

# 29 Evolution

**Der Mensch – nur ein Zufallsprodukt der Evolution?**
Leserbriefe

• Der Anlass meines Schreibens ist der missionarische Eifer, mit dem Sie stets auf die Evolution hinweisen.
Welch eine philosophische Barbarei stellt allein schon der Gedanke dar, glauben zu müssen, der Urknall sei der zureichende Grund nicht nur für den Stoff und die Organisation des Kosmos, sondern auch für das Leben mit seiner überaus sinnvollen Biochemie und Physiologie; aber auch für die Neunte Symphonie und die Liebe werden uns nur der Urknall, der Zufall und sich daraus ergebende Notwendigkeiten als letzte Ursache angeboten.
Immer wieder stößt man in der evolutionistischen Literatur auf Formulierungen, die sie ins Reich der Mystik verweisen. Da »schafft« und »bildet« die Evolution: hat sie »geniale Einfälle«, »Tricks« auf Lager und »füllt Nischen aus«. Das sind natürlich alles Metaphern, mit denen versucht wird, Sinnloses dem menschlichen Verstand anzudienen, der nun einmal auf Sinn und Teleonomie angelegt ist.
Eigentlich müsste man formulieren: Was sich da vor unseren Blicken entfaltet, ist sinn- und planlos, hat weder einen begreifbaren Grund noch ein auszumachendes Ziel. Alles ist nur Stoff oder Energie, die zufällig in diesen oder jenen Zustand geraten sind. Steuernd haben höchstens die Physik und die Chemie mitgewirkt.
In Wirklichkeit geht es offenbar darum, unabhängig von einem sinngebenden Größeren zu sein, als autonomer Mensch nichts und niemanden über sich zu dulden.
*(Hermann G.)*

• Heute sehen wir Schimpansen, Gorillas und Orang-Utans – aber keine Affenmenschen. Ist es wahrscheinlich, dass jedes einzelne der jüngeren und angeblich fortschrittlicheren »Bindeglieder« zwischen affenähnlichen Kreaturen und dem Menschen der Neuzeit ausgestorben ist, die untergeordneten Menschenaffen jedoch nicht?
Der Glaube an »Affenmenschen« hat keine Grundlage. Statt dessen weisen alle Merkmale des Menschen auf eine Schöpfung hin, getrennt und verschieden von jedem Tier. Irgendwelche affenähnlichen Wesen, die in der Vergangenheit lebten, waren nichts anderes als Menschenaffen oder Affen, aber keine Menschen. Fossilien von Menschen aus vergangener Zeit, die geringe Unterschiede zum heutigen Menschen aufweisen, demonstrieren einfach die Vielfalt innerhalb der Menschheitsfamilie, so wie es auch verschieden aussehende Menschen gibt.
»Der grundlegende wissenschaftliche Beweis«, so eine amerikanische Zeitschrift, »setzt sich aus einem beschämend kleinen Aufgebot von Knochen zusammen, aus dem die Entwicklungsgeschichte des Menschen konstruiert werden soll.«
*(Erwin K.)*
*Aus: GEO 3, 1995, S. 12*

## 30 Trauung und Scheidung

In allen Industrienationen steigen die Scheidungsraten, aber nirgendwo so schnell wie in den Vereinigten Staaten. Fast jede zweite Ehe zwischen Boston und Los Angeles wird wieder aufgelöst. Dabei gilt das Prinzip der schuldlosen Scheidung, und zwar seit rund 25 Jahren. Daher kennen die meisten Brautpaare, die heute heiraten, das Verfahren der schuldhaften Scheidung nur noch aus alten Filmen: Da musste vor Gericht ein passabler Grund für die Trennung präsentiert werden; ein Seitensprung des Partners, Vernachlässigung oder seelische Grausamkeit. Was in den damaligen Scheidungsprozessen an schmutziger Wäsche gewaschen wurde, ruft heute nur noch Kopfschütteln und Heiterkeit hervor.
Zunehmend beunruhigt durch die hohe Scheidungsrate der jüngsten Zeit fühlen sich freilich Kirchen, Abtreibungsgegner und die vielen Verbände, die sich dem Schutz der Familie verpflichtet haben. Sie glauben, dass viele Paare sich nur deshalb trennen, weil es ihnen so leicht gemacht werde.
Im Bundesstaat Louisiana soll damit jetzt Schluss sein. Dort wurde, ein erster gesetzlicher Erfolg für die Bewegung der Familienschützer, Mitte August eine womöglich folgenschwere Neuregelung eingeführt. Die zur Trauung Schreitenden haben die Wahl zwischen dem herkömmlichen Ehebund und einer coveniant marriage genannten, vertraglich geschützten Verbindung. Getraut werden sie in beiden Fällen auf gleiche Weise, mit Ehegelöbnis und Ringwechsel. Doch falls es eines Tages zur Scheidung kommen sollte, unterscheiden sich die Bedingungen des Verfahrens, und zwar erheblich.
Für die herkömmliche Ehe gilt: Die Scheidung ist nach sechsmonatiger Trennung erlaubt. Sollte ein Partner Ehebruch begehen, was allerdings nicht nachgewiesen werden muss, kann es auch sofort zur Scheidung kommen – Ehe light.
Anders die geschützte Ehe: Eine Scheidung ist nur dann möglich, wenn das Paar für mindestens zwei Jahre getrennt gelebt hat oder wenn bewiesen wird, dass ein Partner Ehebruch begangen hat, wenn Ehemann oder -frau wegen eines Verbrechens verurteilt wurde oder wenn es innerhalb der Familie zu körperlicher Misshandlung oder sexuellem Missbrauch gekommen ist – Ehe ultra.

*DIE ZEIT, Nr. 36 vom 29.8.1997, S. 69*

*Richard Lindner, AND EVE, 1971. © VG Bild-Kunst, Bonn 1998.*

# 31 Biotechnologie

## Gendiagnostik

■ *Gerhard Flatz (geb. 1925) ist Mediziner und leitete bis zu seiner Emeritierung die Abteilung Humangenetik an der Medizinischen Hochschule Hannover.*

Die Bestimmung krankmachender Gene versetzt uns auch immer mehr in die Lage, eine Veranlagung (Disposition) zu einer Krankheit zu erkennen, lange bevor das betroffene Individuum subjektiv Symptome verspürt.
Als Beispiel sei eine erbliche Stoffwechselstörung angeführt, die zu einer erhöhten Konzentration von Cholesterin im Blut führt. Die betroffenen Menschen sind im Kindesalter und als junge Erwachsene ganz gesund, haben aber im mittleren Lebensalter, etwa nach dem 40. Lebensjahr, ein gegenüber dem Bevölkerungsdurchschnitt stark erhöhtes Risiko für Arterienverkalkung und Herzinfarkt. Sollen weite Teile der Bevölkerung auf diese und andere Krankheiten, die zu einer vorzeitigen Invalidität führen können, untersucht werden? Solche Untersuchungen wären nicht ohne Sinn und Nutzen, weil bei der eben genannten Konzentration von Cholesterin durch eine wenig einschneidende Diät die Entwicklung der Arteriosklerose verlangsamt werden kann.
Dagegen steht die Besorgnis, dass die frühzeitige Diagnose für die Betroffenen soziale Nachteile mit sich bringen könnte. Dürfen Arbeitgeber sich die Ergebnisse solcher Untersuchungen zunutze machen? Oder sie gar als Voraussetzung für eine Anstellung vorschreiben? Eine weitere Frage: In den elf alten Bundesländern bestehen nicht weniger als 70 Millionen Lebensversicherungsverträge, das sind im Schnitt fast zwei für jeden Erwachsenen. Soll es Versicherungen gestattet sein, gentechnisch bestimmte Daten beim Abschluss von Verträgen zu berücksichtigen oder sie gar von den Versicherten zu verlangen? Das gleiche gilt auch für Krankenversicherungen. Wenn einmal Gendiagnostik für einige häufige genetische Ursachen von Frühinvalidität oder verkürzter Lebenserwartung verfügbar sein sollte, könnten für viele Menschen die Lebenserwartung und das Krankheitsrisiko abgeschätzt werden.

*Gerhard Flatz, Die zweite Schöpfung? Gentechnologie und die Zukunft der Menschheit, in: Funkkolleg Der Mensch, STE 25, Studienbrief 9, Tübingen 1993, S. 27f*

## »Wir begrüßen das Klonen«

■ *Die folgende Resolution ist unter anderem von dem kürzlich verstorbenen Philosophen Isaiah Berlin, dem Nobelpreisträger Francis Crick, dem Biologen Richard Dawkins und der Sozialkritikerin Taslima Nasrin unterschrieben (in der Zeitschrift Free Inquiry, Vol. 17, Nr. 3; im Internet unter http://www.secularhumanism.org/fi dokumentiert).*

Wir, die Unterzeichneten, begrüßen die Ankündigung von großen Fortschritten beim Klonen von höheren Tieren.

Wir sehen mit Sorge die weitverbreiteten Aufrufe, die Klonforschung zu verzögern, zu unterbrechen oder ihr Forschungsmittel zu entziehen.

Wir sehen weder inhärente ethische Dilemmata, höhere nichtmenschliche Tiere zu klonen. Noch scheint es uns klar, dass zukünftige Entwicklungen des Klonens von humanem Gewebe oder selbst des Klonens von Menschen moralische Probleme schaffen, die von der Vernunft nicht gelöst werden könnten. Die moralischen Fragen, die das Klonen aufwirft, sind weder größer noch schwerwiegender als die Fragen, mit denen die Menschheit bisher bereits [...] konfrontiert wurde.

Die menschliche Natur wird als einzigartig und heilig angesehen. [...] Doch soweit die Wissenschaft das sagen kann, ist Homo sapiens ein Vertreter des Tierreichs [...] Das reiche menschliche Repertoire an Gedanken, Gefühlen, Sehnsüchten und Hoffnungen scheint sich aus elektrochemischen Hirnprozessen zu speisen und nicht aus einer immateriellen Seele [...]. Daher erhebt sich aus der gegenwärtigen Debatte um das Klonen sofort die Frage, ob die Fürsprecher von übernatürlichen oder spirituellen Weltbildern wirklich über sinnvolle Qualifikationen verfügen, um zu dieser Debatte beizutragen. [...] Wir sehen die Gefahr, dass Forschung mit enormem potentiellen Nutzen nur deshalb unterdrückt wird, weil sie mit den religiösen Vorstellungen mancher Leute in Konflikt steht.

*DIE ZEIT, Nr. 4 vom 15.1.1998, S. 34*

*Katharina Fritsch, Tischgesellschaft, 1988,*
*©VG Bild-Kunst, Bonn 1998.*
*Katharina Fritsch wurde 1956 in Essen geboren.*
*Die »Tischgesellschaft« aus Polyester, Holz, Baumwolle und Farbe ist 16 m lang, 175cm breit und 140 cm hoch. Sie enthält 30 identische lebensgroße schlanke junge Männer, die sich im gleichen Abstand wie in einem klösterlichen Speisesaal gegenüber sitzen.*

# 32 Organspende

**Ein Akt der Nächstenliebe?**

Die Transplantationsmedizin der letzten zehn Jahre hat aus unserem Körper ein Ersatzteillager gemacht. Innere Organe, die Haut und eine ganze Reihe anderer Körperbestandteile und -stoffe sind allesamt zu vermarktbaren Waren geworden. Jeder Organspender kann eine ganze Liste anbieten:

| | |
|---|---|
| 2 | Hornhäute, mit denen die Sehfähigkeit wiederhergestellt werden kann |
| 2 | Innenohren mit Hammer, Amboss und Steigbügel, mit denen bestimmte Formen der Taubheit gelindert werden können |
| 1 | Kieferknochen für Gesichtsreparaturen |
| 1 | Herz |
| 1 | Herzbeutel (der Sack, der das Herz umgibt; er besteht aus festem Gewebe, das zum Schutz des Gehirns nach einer Operation benutzt werden kann) |
| 4 | Herzklappen |
| 2 | Lungen |
| 1 | Leber |
| 2 | Nieren |
| 1 | Bauchspeicheldrüse, die die Insulinproduktion bei Diabetikern wiederbeleben kann |
| 1 | Magen (bisherige experimentelle Magentransplantationen blieben allerdings ohne großen Erfolg) |
| 206 | verschiedene Knochen, darunter lange Arm- und Beinknochen zur Wiederherstellung von Körpergliedern sowie mehrere Rippen zur Reparatur von Wirbelsäule und Gesichtsknochen |
| 2 | Hüftgelenke |
| 27 | Bänder und Knorpel zur Wiederherstellung von Knöcheln, Knien, Hüften, Ellbogen und Schultergelenken |
| 2 $m^2$ | Haut, die zum vorübergehenden Schutz von Brandwunden verwendet werden können |
| 35000 km | Adern, die als Bypass für verstopfte Gefäße dienen können |
| 250 g | Knochenmark zur Bekämpfung von Leukämie und anderen Krankheiten |

*Andrew Kimbrell, Ersatzteillager Mensch. Die Vermarktung des Körpers. Aus dem Englischen von Thomas Steinert, Campus Verlag, Frankfurt am Main 1994, zit. nach: dtv, München 1997, S. 36 f.*

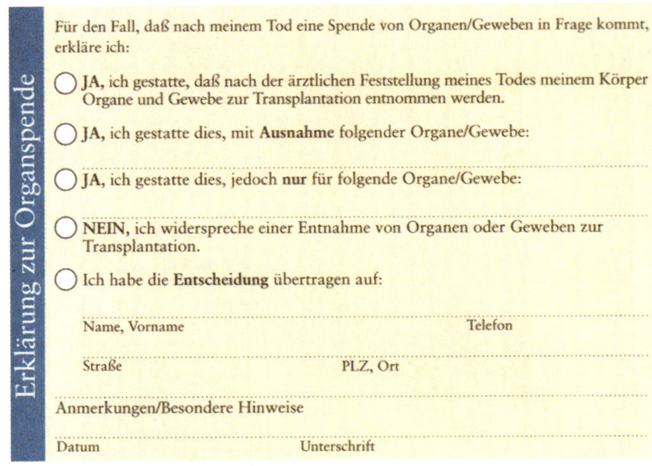
Erklärung zur Organspende

Für den Fall, daß nach meinem Tod eine Spende von Organen/Geweben in Frage kommt, erkläre ich:

◯ **JA**, ich gestatte, daß nach der ärztlichen Feststellung meines Todes meinem Körper Organe und Gewebe zur Transplantation entnommen werden.

◯ **JA**, ich gestatte dies, mit **Ausnahme** folgender Organe/Gewebe:

◯ **JA**, ich gestatte dies, jedoch **nur** für folgende Organe/Gewebe:

◯ **NEIN**, ich widerspreche einer Entnahme von Organen oder Geweben zur Transplantation.

◯ Ich habe die **Entscheidung** übertragen auf:

Name, Vorname Telefon

Straße PLZ, Ort

Anmerkungen/Besondere Hinweise

Datum Unterschrift

Organspendeausweis

nach § 2 des Transplantationsgesetzes

Organspende

Name, Vorname Geburtsdatum

Straße PLZ, Wohnort

ARBEITSKREIS ORGANSPENDE

Postfach 1562 · 63235 Neu-Isenburg

Organspende schenkt Leben.

Kostenlose Auskunft erhalten Sie beim Arbeitskreis Organspende unter der Tel.-Nr. 0130 / 91 40 40

*Vincent van Gogh (1853–1890), Der barmherzige Samariter (1890).* ▷
*Van Gogh ist beeinflusst vom Impressionismus, entwickelte aber einen ganz eigenen Stil.*
*Van Gogh malte dieses Bild 1890 während seines Aufenthaltes in der Heilanstalt von St.Remy nach einer Vorlage von Eugène Delacroix, die ihm sein Bruder zugeschickt hatte. Jener wollte dem kranken Bruder auf seine Bitten hin mit Drucken französischer Künstler erfreuen. Van Gogh hat die Vorlage abgemalt und dennoch eigenständig bearbeitet. Van Gogh schreibt an seinen Bruder: »Ich möchte Männer und Frauen mit dem gewissen Ewigen malen, wofür früher der Heiligenschein das Symbol war und das wir durch das Leuchten, durch das bebende Schwingen unserer Farben auszudrücken versuchen.«*

# 33 Gerechtigkeit – Frieden – Bewahrung der Schöpfung

**Carl Friedrich von Weizsäcker: Unfähig für die Zukunft?**

■ *Carl Friedrich von Weizsäcker, geboren 1912 in Kiel, war von 1970 bis 1980 Direktor am Max Planck Institut zur Erforschung der Lebensbedingungen der wissenschaftlich-technischen Welt. Seit 1986 setzt er sich öffentlich für eine Weltversammlung der Christen für Gerechtigkeit, Frieden und Bewahrung der Schöpfung ein.*

**Krieg und Frieden**
Betrachten wir die Geschichte des Menschen als eines geselligen Lebewesens in den historisch sukzessiven Stufen einer Vielfalt von Familien, von Horden, von Dörfern, von Städten, von Staaten, von Ländern! Stets bedarf die einzelne Gruppe des inneren Friedens, wenn sie überleben soll, findet sich aber historisch zunächst im Konflikt mit anderen, gleichartigen Gruppen. Der Schritt der Wissenschaft hat uns heute eine Technik beschert, welche die ganze Menschheit zu einer ökonomisch zusammenarbeitenden Gesamtheit macht. Nach historischer Logik bedarf dann die ganze Menschheit inneren Friedens, um stabil zu sein. Unsere Frage war: Ist der Weltfriede überhaupt möglich? Oder widerspricht er der menschlichen Natur?

**Armut und Reichtum**
Der heutige politische Zusammenhang der Menschheit ist vorwiegend ökonomischer Natur. Er ermöglicht den Handel und wird von den technischen und sozialen Strukturen des Handels getragen. Das Gegenüber von Armut und Reichtum finden wir im Inneren aller menschlichen Gesellschaften vor, wenngleich in ungleicher Härte. Die moderne Demokratie hat in den reichen Nationen der heutigen Menschheit eine Mäßigung dieses Gegensatzes entstehen lassen. Ist solche Mäßigung menschheitsweit möglich, ist sie stabil, ist sie lebensnotwendig? Die Bedingungen, die Adam Smith an die Marktwirtschaft gestellt hat: Friede, Rechtsordnung, Infrastruktur, sind heute nicht weltweit erfüllt. Ist der heutige Weltmarkt stabil? Ist er menschenwürdig?

**Mensch und Natur**
Nehmen wir, um der einfachsten Argumentation willen, an, die Vorhersage sei zutreffend, dass bei unverminderter weltweiter Fortführung des bisherigen Verbrauchs fossiler Brennstoffe in fünf Jahrzehnten eine Klimakatastrophe unvermeidlich sei. Könnte man diesen Verbrauch durch Benutzung anderer Energien, z.B. Sonnenenergie, weltweit reduzieren, so ließe sich die Katastrophe vermeiden. Aber auch hier erweist sich dann die ganze Menschheit als die Gesellschaft, von deren Verhalten der Ausgang abhängt; nur in wenigen Ländern die Änderung zu vollziehen würde nicht genügen.

*Carl Friedrich von Weizsäcker, Wohin gehen wir? Der Gang der Politik. Der Weg der Religion. Der Schritt der Wissenschaft. Was sollen wir tun? Carl Hanser Verlag, München, Wien 1997, S. 78–80*

Und ich sah, dass das Lamm das erste der sieben Siegel auftat, und ich hörte eine der vier Gestalten sagen wie mit einer Donnerstimme: Komm!
Und ich sah, und siehe, ein weißes Pferd. Und der darauf saß, hatte einen Bogen, und ihm wurde eine Krone gegeben, und er zog aus sieghaft und um zu siegen.
Und als es das zweite Siegel auftat, hörte ich die zweite Gestalt sagen: Komm!
Und es kam heraus ein zweites Pferd, das war feuerrot. Und dem, der darauf saß, wurde Macht gegeben, den Frieden von der Erde zu nehmen, dass sie sich untereinander umbrächten, und ihm wurde ein großes Schwert gegeben.
Und als es das dritte Siegel auftat, hörte ich die dritte Gesalt sagen: Komm! Und ich sah, und siehe, ein schwarzes Pferd. Und der darauf saß, hatte eine Waage in seiner Hand.
Und ich hörte eine Stimme mitten unter den vier Gestalten sagen: Ein Maß Weizen für einen Silbergroschen und drei Maß Gerste für einen Silbergroschen; aber dem Öl und Wein tu keinen Schaden!
Und als es das vierte Siegel auftat, hörte ich die Stimme der vierten Gestalt sagen: Komm!
Und ich sah, und siehe, ein fahles Pferd. Und der darauf saß, dessen Name war: Der Tod, und die Hölle folgte ihm nach. Und ihnen wurde Macht gegeben über den vierten Teil der Erde, zu töten mit Schwert und Hunger und Pest und durch die wilden Tiere auf Erden.

*Offenbarung 6,1–8*

*Ivan Vecenaj, Apokalypse, 1978.*
*Ivan Vecenaj, geboren 1920, ging nur vier Jahre zur Schule. Er war zunächst Bauer und begann erst mit dreißig Jahren zu malen.*

# 34 Grenzen der Vergebung?

*Am 26. Mai 1988 versucht der 17-jährige Tommy Brown, den ihm vollkommen unbekannten Lehrer Gary Smith zu töten. 24 Stunden nach dem Überfall nimmt die Polizei den Täter fest. Sein Name ist bislang noch nicht im Strafregister aufgetaucht. Der brutale Überfall führt zum Verlust eines Auges und eines Teils des Hörvermögens bei Smith. Er muss sich zahlreichen Operationen unterziehen und kann seinen Beruf als Sportlehrer nicht wieder aufnehmen. Acht Monate nach seiner Verhaftung bekennt sich Tommy Brown für schuldig. Er wird auf unbestimmte Zeit inhaftiert, mindestens 5, maximal 15 Jahre. Tommy verlässt den Gerichtssaal, ohne ein Wort zu sagen. Das Opfer steht nach wie vor vor einem Rätsel. Warum wollte ihn ein Unbekannter töten? Zweieinhalb Jahre später kommt es im Gefängnis zu einer Begegnung. Sie wird durch einen Vermittler herbeigeführt. Tommy Brown ist nun zwanzig Jahre alt.*

*Vermittler*: Gary, ich möchte, dass sie beginnen. Sagen sie, was sie sagen wollen.
*Gary*: Ich habe lange auf diesen Tag gewartet. Es ist ziemlich wichtig für mich, einige Antworten zu bekommen hinsichtlich einiger Dinge, die damals passierten. Die grundlegende Frage, die ich mir immer wieder gestellt habe und die mir ein paar tausend Male durch den Kopf gegangen ist, ist die: Warum wollten Sie mich umbringen? Das ist wichtig für mich.
*Tommy*: Es ist passiert, weil ich eine Riesenwut hatte. Und als ich in diesem Zustand zu ihnen kam, haben Sie mir nicht geholfen. Aber ich brauchte Hilfe. Und ich brauchte jemand, der mir sagte: »Du hör mal. Ich hoffe, du findest es wieder.« Aber das haben Sie nicht getan. Und da kochte ich innerlich. Ich war auf hundert. Und an Ihnen habe ich es ausgelassen. Ich weiß noch, es war ein schöner, sonniger Tag. Ich ging in den Park, um ein paar Leuten Drogen zu bringen. Das Spiel war schon in Gang. Ein Ball – er kam von irgend jemandem – rollte zu mir, dorthin, wo ich saß. Als ich ihn zurück warf, flog mein Ring mit, der war zu weit. Ich fing an, nach ihm zu suchen. Ich suche und bin wütend. In diesem Augenblick wollte ich nichts hören. Als ich merkte, dass sie mir nicht helfen würden, ging es los mit der Gewalt. Ich rastete einfach aus. Der Ring war nichts wert, es war ein billiger Ring. Aber ich wollte ihn einfach wiederhaben. Ich hatte alles satt. Hatte es satt wegzurennen, ständig auf der Hut zu sein, abzutauchen und allen auszuweichen. Denn so lebte ich. Und deshalb ließ ich alles an Ihnen aus.
*Gary*: Tommy, ist Ihnen klar, welche Folgen die Verletzungen für mich hatten?
*Tommy*: Ja.
*Gary*: Die Verletzungen, die ich von diesem Vorfall davontrug, zwangen mich, mit dem Unterricht aufzuhören. Ich war Sportlehrer. Ich weiß nicht, ob Sie das wissen. Ihre Tat hat mein Leben verändert. Und es fällt mir manchmal schwer, damit fertig zu werden.
*Tommy*: Ich könnte sagen: Mensch, tut mir leid. Aber es ist geschehen.
*Gary*: Wissen sie, was ich meine?
*Tommy*: Ja. Ich entschuldige mich, dass ich Ihrem Leben und Ihrer Familie Schaden zugefügt habe. Aber sehen Sie, jetzt muss ich mit mir klar kommen. Und es ist auch für mich schwer. Ich weiß, was ich getan habe und ich fühle mich elend, wenn ich darüber nachdenke. Ich war jung und ich war dumm. Aber jetzt weiß ich es besser. Und ich bin auch froh, dass ich diese Erfahrung gemacht habe, denn sonst würde ich nicht hier mit Ihnen reden. Ich wäre sechs Fuß unter der Erde. Aber wie gesagt, ich entschuldige mich.
*Gary*: Ich bin ein Mensch und ich nehme ihre Entschuldigung an, weil ich weiß, wie es kam. Ich nehme sie an. Ich nehme sie mit der Hoffnung an und mit der Vorstellung, dass für sie – und vor allem für sie – das Leben besser wird in der Zukunft. Für mich kann ich sagen, es war schwer, es war furchtbar schwer in den vergangenen zwei Jahren, für mich, für meine Familie und für meine Freunde. Und weil es für mich so schwer war, wollte ich die Gelegenheit haben, mit ihnen zu sprechen und damit zu einer Art Abschluss kommen in dieser schrecklichen Geschichte.
*Vermittler*: Ich weiß nicht, ob wir an diesem Punkt noch weiterkommen. Ich bin froh, dass es zu einer Entschuldigung kam und dass Sie die Gelegenheit hatten, sich auszusprechen. Das tut mir gut. Ich glaube, auf diese Begegnung haben Sie lange gewartet. Sind Sie zufrieden?
*Gary*: Ja.
*Vermittler (zu Tommy)*: ok?
*Tommy*: Ja.
*Vermittler*: Wollen Sie sich die Hand geben, bevor wir gehen?

*Nach: Die vielen Gesichter der Justiz, Arte 1996*

Da sprach Kain zu seinem Bruder Abel: Lass uns aufs Feld gehen! Und es begab sich, als sie auf dem Felde waren, erhob sich Kain wider seinen Bruder Abel und schlug ihn tot.
Da sprach der Herr zu Kain: Wo ist dein Bruder Abel? Er sprach: Ich weiß nicht; soll ich meines Bruders Hüter sein?

*1. Mose 4,8–9*

*George Grosz (1893–1959), Kain, 1944. © VG Bild-Kunst, Bonn 1998.*
*1933 emigrierte Grosz in die Vereinigten Staaten. Unter dem Eindruck*
*des Zweiten Weltkrieges malte er Kain als Ursymbol des Menschenmörders.*

# 35 Gott wollte den Menschen

*Marc Chagall (1887–1985), Das Paradies (Ausschnitt). © VG Bild-Kunst, Bonn 1998.*

Und Gott wollte den Menschen, ein sichtbares Bild seiner Herrschaft auf Erden.
Nicht als einen Sklaven ohne Ich wollte er ihn, sondern frei, nicht als Marionette, sondern als bündnisfähigen Partner.
Und Gott beschenkte den Menschen mit Intelligenz und eigenem Willen, mit Phantasie und Gefühlen, mit Selbstvertrauen und Tatkraft und mit der Fähigkeit zur Liebe.

Und Gott ließ die Menschheit werden über Millionen Jahre hinweg.
Aus niederen Stufen stieg auf das Menschenwesen mit höher entwickeltem Gehirn und mit erwachendem Bewusstsein.
Und Gott ließ die Menschen aufwachsen im Dunkel undurchdringbarer Vorgeschichte aus den Vormenschen, Halbaffenmenschen, aus Lebewesen, die ihren Gang aufrichteten.
Aus Urwäldern, aus dem Dschungel kamen sie und drangen vor in die Savannen, in offene Landschaften, mit ersten Werkzeugen und Waffen.
In Gruppen lebten sie – füreinander, und gaben sich Schutz und Hilfe.

So wurde der Mensch ein Ebenbild Gottes.
Und Gott verlieh ihm die Gabe, Laute zu bilden und Worte zu formen, Begriffe zu ersinnen und Namen zu geben, um seine Erfahrungen auszuwerten.
Und Gott schenkte dem Menschen das Vermögen, sich mitzuteilen, einem anderen zuzuhören und ihn zu verstehen.

So schuf Gott den Menschen – ein offenes, entwicklungsfähiges Wesen in der Gemeinschaft, begabt, die Natur zu beobachten, ihre Gesetze zu erkennen und sich dienstbar zu machen.
Und der Mensch wurde ein Partner Gottes, frei zu verantwortlichem Leben, geschaffen, Gottes Größe und Liebe zu erahnen, seine Stimme zu vernehmen und ihn zu erkennen im Glauben.

*Manfred Fischer*